EL SIGNIFICADO DE LOS NOMBRES

por el Prof. José V. de la Sota

LA GRULLA
Editora

Primera edición: abril de 1998
Última reimpresión: mayo de 2000

I.S.B.N.: 987-9209-44-3

Se ha hecho el depósito que establece la Ley 11723
Copyright by LA GRULLA
Buenos Aires - República Argentina
IMPRESO EN ARGENTINA - PRINTED IN ARGENTINA

Cuando pronuncio mi nombre, pronuncio lo más esencial de mí mismo, mi pertenencia más arraigada.

Ese nombre que me fue impuesto, que me fue dado, se ha transformado en el representante más absoluto para decir lo que yo soy, porque ese nombre ocupa el lugar de lo que fui, de lo que soy y de lo que seré.

Y junto a ese nombre que eligieron para llamarme y con el cual yo me presento al mundo, se expresa mi personalidad de acuerdo al significado que le pertenece.

Cada nombre tiene su significado particular que actúa como una huella fundamental en la personalidad de quien lo posee, huella que marca inexorablemente el sentido de la propia vida.

José V. de la Sota

CÓDIGO CIVIL
de la República Argentina

Art. 3 - El derecho de elegir el nombre de pila se ejercerá libremente, con la salvedad de que no podrán inscribirse:

1) los nombres que sean extravagantes, ridículos o contrarios a nuestras costumbres, que expresen o signifiquen tendencias políticas o ideológicas, o que susciten equívocos respecto del sexo de la persona a quien se impone;

2) los nombres extranjeros, salvo los castellanizados por el uso o cuando se tratare de los nombres de los padres del inscrito, si fuesen de fácil pronunciación y no tuvieran traducción en el idioma nacional. Queda exceptuado de esta prohibición el nombre que se quisiera imponer a los funcionarios o empleados extranjeros de las representaciones diplomáticas o consulares acreditadas ante nuestro país, y de los miembros de misiones públicas o privadas que tengan residencia transitoria en el territorio de la República;

3) los apellidos como nombre;

4) primeros nombres idénticos a los de hermanos vivos;

5) más de tres nombres.

Las resoluciones denegatorias del Registro del Estado Civil serán recurribles ante el Tribunal de Apelaciones en lo Civil dentro de los 15 días hábiles de notificadas.

Art. 3 bis (según ley 23.162) - Podrán inscribirse nombres aborígenes o derivados de voces aborígenes autóctonas y latinoamericanas, que no contraríen lo dispuesto por el art. 3, inc. 5, parte final.

NOMBRES MASCULINOS
de la A a la Z

AARÓN (bíblico): Significa "fuerte como una roca". Fue hermano de Moisés, y habló en nombre de él ante el pueblo y ante el faraón.

ÁBACO (persa): El que cuenta y calcula. El ábaco es un cuadro de madera con alambres paralelos por donde corren bolas móviles que sirven para realizar cuentas.

ABÁN (mitológico): Genio benéfico de la mitología persa. Presidía el agua y las artes.

ABDENACO (caldeo): El hijo del sol.

ABDÍAS (hebreo): El siervo de Dios.

ABDÓN (hebreo): El buen servidor. Siervo del Señor.

ABDUL (árabe): Hijo, siervo de Dios.

ABEL (bíblico): Segundo hijo de Adán y Eva. Fue el primer pastor. Este nombre significa "vida fugaz, efímera".

ABELARDO (francés): Semejante o parecido a la abeja. También significa "laborioso, muy trabajador".

ABERCIO (griego): El primer hijo.

ABÍAS (hebreo): Soy el hijo de Dios.

ABILIO (latino): El que no es rencoroso.

ABIRÓN (hebreo): El padre de la grandeza.

ABISAG (hebreo): Hijo del que erró.

ABISAI (hebreo): Mi padre tiene un "don".

ABNER (hebreo): El padre de la luz.

ABRAHAM (bíblico): "El hebreo", lo que, según la genealogía bíblica, significa "descendiente de Eber". Cabeza u origen de un pueblo. Gran padre.

ABSALÓM / ABSALÓN (hebreo): Padre de la paz. También significa "en el padre es la paz".

ABUNDIO (latino): Que tiene muchos bienes.

ACACIO (griego): Sin maldad.

ACURSIO (latino): El que se encamina hacia Dios.

ADAD (mitológico): Significa "uno" o "único". En la mitología de los caldeos figuró entre los dioses principales.

ADALBERTO (teutónico): De descendencia noble. Una de las variantes es Edelberto.

ADÁN (mitológico): Como es sabido, fue el primer hombre. La tradición bíblica es bien conocida, pero la mitología persa nos da una variante: se afirma en ella que Dios creó a Adán y Eva en el cuarto cielo y les permitió comer de todos los vegetales. Pero Eva comió queso, e indujo a Adán a hacer lo mismo. Su nombre significa exactamente "hecho de tierra roja".

ADELFA (griego): El amigo fraterno.

ADELMO (germánico): Protector de los indefensos y de los pobres. En su variante anglosajona es "el yelmo antiguo".

ADEMAR (germánico): Combatiente famoso. Variación: Ademaro.

ADEMARO (germánico): Variante de Ademar.

ADOLFO (germánico): Ávido por ennoblecerse.

ADONAI (fenicio): "Señor mío". En su variante hebrea: una de las formas en que se nombraba a Dios.

EL SIGNIFICADO DE LOS NOMBRES

ADONÍAS (hebreo): Dios es mi amo, mi Señor.

ADONIS (mitológico): El hombre más bello. Las ninfas cuidaron de su educación y cuando llegó a ser hombre fue tan hermoso que Venus se enamoró de él.

ADRIÁN (latino): Venido de la ciudad del mar.

ADRIEL (hebreo): Mi señor es Dios.

ADULFO (germánico): Variante antigua de Adolfo.

AGAMENÓN (griego): Significa "el que avanza lentamente". Fue un rey legendario, jefe de los griegos que sitiaron Troya. Además significa "persona de férrea voluntad, hombre de persistente firmeza".

AGAPITO (griego): El muy amado.

AGENOR (griego): Es el hombre que por su gran fortaleza física es arrogante y varonil.

AGILULFO (germánico): El guerrero temible.

AGRICIO (latino): El que vive en el campo.

AGUSTÍN (latino): Diminutivo de Augusto (majestuoso).

AIDANO (irlandés): El que se distingue.

AIMÓN (germánico): El amigo de la casa.

AIRE (mitológico): Esposo de la Luna y padre del Rocío en la mitología griega. Personificado en Eter, significaba "el aire más puro".

ALADINO (árabe): Es aquél que ha logrado la máxima sabiduría religiosa. Sabiduría sublime por la fe.

ALAMIRO (árabe): El príncipe.

ALAN (celta): Hombre de buena talla, apuesto, imponente.

ALARICO (germánico): Rey de todos.

ALBANO (germánico): Brillante como el sol del alba. Originario de Albania.

ALBERICO (germánico): Príncipe "elfo".

ALBERTO (germánico): De nobleza esplendorosa.

ALBINO (latino): Sumamente blanco.

ALCEO (griego): Hombre de gran fuerza y valor.

ALCIBÍADES (griego): De fortaleza violenta.

ALCIDES (griego): El fornido. El muy vigoroso.

ALCUINO (germánico): Amigo del lugar sagrado, del templo.

ALDEMAR (germánico): Todas las experiencias reunidas en un solo hombre.

ALDO (germánico): Experimentado.

ALEJANDRO (bíblico): Defensor de los hombres. El que da la protección.

ALEJO (griego): El que proteje y defiende.

ALEXIS (griego): El protector.

ALFIO (griego): Hombre de piel blanca.

ALFONSO (germánico): Noble, listo para el combate.

ALFREDO (germánico): Poderoso consejero amigo de la paz.

ALÍ (árabe): El elevado, superior, sublime.

ALONSO (germánico): Variante de Alfonso.

ALTERIO (griego): Significa "como un cielo estrellado".

ALUCIO (latino): Lúcido, esclarecido.

ÁLVARO (germánico): Hombre precavido, prevenido.

AMADEO (latino): Aquél que ama a Dios.

AMADIS (latino): Amadísimo. El más grande amor.

AMADO (latino): El que es amado. Pequeño.

AMÁN (hebreo): El magnífico.

AMANCIO (latino): El que ama a Dios.

AMARANTO (griego): El que no teme a nada.

AMBROSIO (griego): El eterno, el inmortal.

AMÉRICO (germánico): Príncipe activo.

AMIDA (mitológico): Es el rey de los cielos y la eterna alegría en la mitología del Japón.

AMÍLCAR (púnico): Significa "el señor de la ciudad, príncipe

EL SIGNIFICADO DE LOS NOMBRES

que manda en ella". Consagrado a Melkart (así llamaban a Hércules los fenicios).

AMMÓN (mitológico): Fue un dios egipcio que bajo la forma de carnero escarbó en la arena del desierto hasta que brotó el agua que mitigó la sed de Hércules.

AMOS (hebreo): Hombre robusto.

AMPELIO (griego): El que hace vino de sus propias uvas.

ANACLETO (griego): El invocado. El que es requerido.

ANASTASIO (griego): El que volvió a vivir, el resucitado.

ANATOLIO (griego): El venido de Oriente.

ANDRÉS (griego): Varonil y de gran valentía.

ANDROS (mitológico): En la mitología polaca, fue el dios de los mares.

ÁNGEL (bíblico): Significa "mensajero". Mensajero de Dios. El enviado de Dios.

ANGILBERTO (germánico): Compuesto de Ángel y Alberto. Significa "ángel brillante por el poder de Dios".

ANÍBAL (griego): Gracia del Todopoderoso.

ANICETO (griego): Invencible por su poderío físico.

ANSALDO (germánico): El que representa a Dios. Dios está en él.

ANSELMO (germánico): Protegido de Dios.

ANTENOR (griego): El que ocupa su lugar por la fuerza.

ANTEO (mitológico): Fue hijo de Neptuno y de la Tierra. Tenía una fuerza prodigiosa que se renovaba cada vez que tocaba la tierra, su madre.

ANTERO (griego): El hombre florido.

ANTÍGONO (griego): El que sobresale entre sus iguales o sus hermanos.

ANTIPAS (griego): El enemigo de todos.

ANTÓN: Floreciente. Variante de Antonio.

ANTONINO: Variación de Antonio.

ANTONIO (nombre griego): Bello como una flor. El que hace frente a sus enemigos.

ANTULIO: Contracción de Antonio y Tulio.

ANUBIS (mitológico): Hijo de Osiris y Nefté, fue criado por Isis, en la mitología egipcia. Acompañó a su padre en la conquista del mundo.

APARICIO: Este nombre está relacionado con "aparición".

APOLINAR (nombre latino): Consagrado al dios Apolo. Algunas de sus variantes son: Apolinario, Apolonio, Apolito.

APOLO (mitológico): Hijo de Júpiter y Latona, representaba al Sol. Fue el dios protector de las artes, las letras y la medicina. Significa "el que dispersa las tinieblas y ahuyenta el mal."

AQUILES (mitológico): Hijo de Tetis y Peleo, fue sumergido en las aguas del Estigia, que lo hicieron invulnerable. Significa "consolador del que sufre, el que defiende a sus amigos".

AQUILINO (latino): Agudo como el águila.

ARCADIO (griego): Nacido en una ciudad rodeada de fortalezas.

ARCÁNGEL (griego): Príncipe.

ARGENIS (griego): El de gran blancura.

ARGENTINO (latino): Resplandeciente como la plata.

ARGOS (mitológico): Su apellido era Panoptes ("el que lo ve todo").

ARGUS (griego): Cuidadoso, vigilante.

ARIEL (hebreo): León de Dios.

ARISTARCO (griego): El primero entre los príncipes. Significa "el mejor".

ARISTEO (griego): El sobresaliente, el destacado.

ARÍSTIDES (griego): El que ha llegado a la excelencia.

ARISTÓBULO (griego): El que da los mejores consejos.

ARISTÓTELES (griego): Persona de nobles intenciones.

ARMANDO (germánico): Hombre de armas, guerrero.

ARNALDO (germánico): Fuerte como un águila.

ARNULFO (germánico): La tenacidad y fuerza de un lobo.

ARQUÍMEDES (griego): El pensador profundo.

ARSENIO (griego): Varonil y vigoroso.

ARTEMIO (griego): Varón íntegro. Puro. Varonil.

ARTURO (germánico): Hombre con la fortaleza de un oso.

ASDRÚBAL (púnico): El que es protegido de Dios.

ASTOLFO (germánico): El que con la lanza socorre.

ATAHUALPA (quechua): Ave de la dicha.

ATANASIO (griego): El que no morirá nunca. Inmortal.

ATAULFO: Ver Adolfo.

ATILA (germánico): El cabeza de familia. Padre.

ATILIO (latino): Favorito del abuelo.

AUBERTO (germánico): De grande y brillante nobleza.

AUGUSTO (latino): Que infunde respeto y veneración.

AURELIANO (latino): Variante de Aurelio.

AURELIO (latino): Valioso como el oro.

AVELINO (latino): Originario de Avella. Significa "el que cuida el bosque de avellanos".

AZARÍAS (hebreo): El señor me sostiene.

AZARIEL (hebreo): El que domina sobre las aguas.

BAAL (caldeo): Señor, dueño. Dominador de un territorio.

BABIL (asirio): Puerta de Dios.

BACO (griego): Que grita y alborota.

BALAAM (griego): El señor de su pueblo.

BALBINO (latino): El de hablar balbuceante.

BALDOMERO (germánico): El gran luchador famoso por su fortaleza.

BALDUINO (germánico): El amigo valeroso.

BALTASAR (bíblico): Hijo de Nabucodonosor. Último rey de los caldeos. Significa "el protegido de los dioses, el que posee el tesoro".

BARLAAM (hebreo): Señor del pueblo.

BARTOLOMÉ (hebreo): Descendiente del que guerrea valientemente.

BARUC (hebreo): El que fue bendecido por Dios.

BASIANO (griego): Juicio agudo.

BASILIO (griego): El gobernante.

BASO (latino): Robusto y fornido.

BAUDILIO (germánico): Audaz, valiente.

BAUTISTA (griego): El que transmite el pacto. El iniciador. El que bautiza.

BEDARDO (germánico): El jefe valiente.

BELARMINO (italiano): El bien armado.

BELISARIO (griego): El fuerte arrojador de flechas.

BELMIRO (germánico): El guerrero ilustre.

BELTRÁN (germánico): Cuervo brillante.

BEN (árabe): El hijo.

BENEDICTO (latino): El bendito por Dios.

BENICIO (latino): El gran jinete.

BENIGNO (latino): El pródigo.

BENITO (latino): Es una variante de Benedicto.

BENJAMÍN (hebreo): El más chico de la familia. El que nace tras un intervalo grande, después de hermanos mayores.

BERILO (griego): De magnífico valor.

BERMUDO (germánico): Que tiene valor y es firme.

BERNABÉ (bíblico): Hijo de la consolación, propiamente "hijo de la profecía". Profeta. Significa "el que anunció el profeta. El hijo del consuelo".

BERNARDO (germánico): Tiene valentía y audacia de oso.

BERNO (germánico): El que es firme.

BERTARIO (germánico): Que se destaca en el ejército.

BERTOLDO (germánico): El caudillo generoso, magnífico.

BERTULFO (germánico): El guerrero que brilla.

BESARIÓN (griego): El caminante.

BIENVENIDO (latino): Bien recibido. Aceptado con alegría.

BIODORO (griego): Que recibe el don de vivir.

BLAS (griego): El que habla en forma balbuceante.

BOLESLAO (eslavo): El más glorioso entre los gloriosos.

BONIFACIO (latino): Benefactor. El que hace bien a todos.

BORIS (eslavo): Hombre luchador. Gran oso.

BRAULIO (germánico): El resplandeciente.

BRIAN (celta): El de gran fuerza.

BRITWALDO (germánico): Que resplandece por su poder.

BRUNO (latino): El de la tez morena.

BUENAVENTURA (castellano): Que desea la buena suerte.

BULMARO (germánico): El que es fuerte y combate.

CADMO (hebreo): El que vino de Oriente.

CAIFÁS (asirio): Hombre de poco ánimo.

CAÍN (hebreo): El que hizo su propia arma.

CALEB (hebreo): Perro guardián de Dios.

CALEDONIO (griego): El que vino de Caledonia.

CALÍGULA (latino): Que calza el botín militar de los romanos.

CALÍMACO (griego): El buen luchador.

CALIXTO (griego): El mejor y el más bello.

CAMILO (púnico): El que vive en presencia de Dios.

CANAAN (hebreo): El humilde.

CANCIO (latino): Originario de Anzio.

CÁNDIDO (latino): Puro, blanco, inmaculado.

CANUTO (latino): El sabio de pelo blanco.

CAPITALINO (latino): El que habita con los dioses.

CARIM (árabe): El generoso.

CARLOS (germánico): El hombre viril y de gran fuerza.

CARMELO (hebreo): El que es como una espiga tierna.

CASANDRO (griego): El hermano del héroe.

CASIANO (latino): El hombre del yelmo.

CASIMIRO (eslavo): El predicador de la paz.

CASIO (latino): El que está protegido con un yelmo.

CASIODORO (griego): Regalo de un amigo.

CASTO (griego): Puro, honesto.

CASTOR (griego): El brillante.

CATALDO (teutón): El que se destaca en la guerra.

CATÓN (latino): Astuto. Variedad: Cátulo.

CÁTULO: Variante de Catón.

CAYETANO (latino): Originario de Gaeta (Gaetano). Otra versión le asigna el significado de "roca grande".

CAYO (latino): Alegre.

CEFERINO (griego): El que es acariciante como el viento.

CELEDONIO (latino): Peregrino como la golondrina.

CELESTINO (latino): Habitante del reino celestial.

CELIO (latino): Vino de una de las siete colinas de Roma.

CELSO (latino): El que es natural de las alturas espirituales. El que goza de la excelencia intelectual y psíquica.

CENOBIO (latino): El que rechaza a los extranjeros.

CÉSAR (latino): Cortado del vientre de su madre.

CICERÓN (latino): El que plantó garbanzos.

CID (árabe): Señor.

CIPRIANO (griego): Consagrado a Venus, la diosa del amor.

CIRIACO (griego): Que es propiedad del Señor.

CIRILO: Diminutivo de Ciro.

CIRO (griego): Significa "pastor". En la historia del mundo, fue el auténtico fundador del imperio Persa.

CISELIO (latino): El que vino del Sol.

CLAUDIO (latino): El que camina cojeando.

CLEMENTE (bíblico): Significa benigno. Colaborador del apóstol Pablo, luchó junto a él por el Evangelio.

CLODOALDO (germánico): Gran príncipe guerrero.

CLODOVEO (germánico): Gran guerrero distinguido e ilustre.

CLOVIS: Variante de Clodoveo.

COLMAN (germánico): Variedad de Carlos.

COLÓN (latino): El que tiene la belleza de una paloma.

CONRADO (germánico): El que no teme dar una opinión en el Consejo.

CONSTANCIO (latino): De conducta firme y perseverante.

CONSTANTINO (latino): Diminutivo de Constancio.

CORIOLANO (latino): El que conquistó Corioles.

CORNELIO (latino): Encargado de tocar el "cuerno" en la batalla.

CÓSIMO: Variante de Cosme.

COSME (griego): Se viste con adorno, mejora su aspecto.

CRESENCIO (latino): Que hace crecer la virtud en su personalidad.

CRISANTO (griego): Flor áurea. Flor de oro.

CRISÓFORO (griego): Portador del oro.

CRISÓLOGO (griego): Sus consejos valen oro.

CRISÓSTOMO (griego): El de palabras de mucho valor.

CRISPÍN (latino): Variante de Crispo.

CRISPO (latino): El de cabello enrulado.

CRISTIAN (griego): Adepto al Señor.

CRISTÓBAL (griego): El que lleva a Cristo a cuestas. El que lo transporta.

CRUZ: Este nombre hace referencia al madero que sirvió de símbolo para la muerte de Cristo.

CUASIMODO (latino): Igual a un niño.

CUNIBALDO (germánico): Que es de noble estirpe.

CUNIBERTO (germánico): El que sobresale entre los demás por su estirpe esclarecida.

CUSTODIO (latino): Espíritu guardián. Ángel guardián.

DACIO (latino): Natural de Dacia.

DAGOBERTO (germánico): Resplandeciente como el sol.

DAGOMIRO (germánico): De fama que resplandece.

DALMACIO (latino): El oriundo de Dalmacia. En otra versión significa "el manchado".

DALMIRO (germánico): El respetable por su nobleza.

DÁMASO (griego): El experto domador de caballos.

DAMIÁN (griego): Hombre salido de entre el pueblo llano.

EL SIGNIFICADO DE LOS NOMBRES

DAMOCLES (griego): Gloria de su pueblo.

DAN (hebreo): Juez. El que administra la ley.

DANIEL (bíblico): El profeta. También: "Dios me juzga".

DANILO: Variante servocroata de Daniel.

DANTE (latino): El que tiene gran firmeza en su carácter.

DARDO (griego): Hombre de gran astucia y habilidad.

DARÍO (bíblico): Rey persa que permitió a los judíos proseguir la construcción del templo en Jerusalén. Significa "protección contra lo malo".

DAVID (hebreo): El bien amado de Dios.

DELFÍN (griego): De formas gráciles y bellas. También significa "el que juega alegremente".

DELFOR (griego): Variante de Delfín.

DEMETRIO (griego): Deriva de la diosa griega Demeter, personificación de la tierra.

DEMOCLES (griego): Variante de Damocles.

DEMÓCRITO (griego): El que juzga al pueblo.

DEMÓSTENES (griego): El que enviste la fuerza del pueblo.

DEODATO (latino): El siervo de Dios.

DERMIDIO (griego): El de pequeña estatura.

DESIDERATO (latino): Variante de Desiderio.

DIDIER (francés): Al que Dios concedió gracia.

DÍDIMO (griego): El hermano gemelo.

DIDIO (latino): Variante de Didier.

DIEGO (griego): Hombre de gran instrucción.

DIMAS (griego): Compañero, camarada.

DINO: Diminutivo italiano de Bernardino.

DIÓGENES (griego): El que fue generado por Dios.

DION (griego): Consagrado a Dios.

DIONISIO (mitológico): Nombre que los griegos daban al dios del vino, que pasó a Roma como BACO. Significa "consagrado a Dios ante la adversidad, encomendado".

DODO (latino): Doliente, que pena.

DOMICIO (latino): Carácter manso, dominado por la esposa.

DOMINGO (mitológico): Día del Señor. Perteneciente al Señor.

DONACIANO (latino): El que se ofrenda a Dios.

DONALDO (celta): El caudillo que gobierna con audacia.

DONATO (latino): Regalo de Dios.

DORIAN (griego): Originario de Dorian.

DOROTEO (griego): Merced o don de Dios.

DOSITEO (griego): Es la posesión de Dios.

DUILIO (latino): Presto o listo para el combate.

EADBERTO (germánico): Destacado por su riqueza.

EBERARDO (germánico): Fuerte como los osos.

EBO (germánico): El jabalí.

ECELINO (germánico): El hijo del noble.

ECIO (latino): Fuerte.

ECOLAMPADIO (griego): La luz de la familia.

EDCO (griego): Que sopla con fuerza.

EDELBERTO (germánico): Variante de Adalberto.

EDELMIRO (germánico): Representante de la nobleza.

EDGAR (germánico): Que defiende con la lanza sus bienes.

EDGARDO (germánico): Que defiende su territorio.

EDIPO (griego): El de los pies grandes.

EDMUNDO (germánico): Protector de sus tierras.

EL SIGNIFICADO DE LOS NOMBRES

EDOM (hebreo): El de cabellos rojos.

EDUARDO (germánico): El guardián atento a su feudo.

EDUINO (germánico): El amigo de valor.

EFRÉN (hebreo): Aquél que fructificó, dio sus frutos.

EFRAÍN (hebreo): Abundante en frutos, fructífero.

EGBERTO (germánico): Se destaca como espadachín.

EGIDIO (griego): El guerrero del escudo de piel de cabra.

EGISTO (griego): Criado con leche de cabra.

ELADIO (griego): Natural de Elade. El griego.

ELEAZAR (hebreo): Al que Dios ayuda contra el peligro.

ELEODORO (griego): Originario del Sol.

ELI (hebreo): El elevado, el sublime.

ELÍAS (bíblico): Fue el salvador de la religión de Yahvéh y su popularidad llegó a ser legendaria. Significa "instrumento de Dios".

ELIEZAR (hebreo): Variante de Eleazar.

ELIGIO (latino): El escogido.

ELIO (latino): El que ama el aire.

ELISEO (bíblico): Profeta sucesor de Elías, al que superó por el número y lo llamativo de sus milagros. Significa "Dios es mi salvación".

ELOY (latino): Variante de Eligio.

ELPIDIO (griego): El esperanzado.

ELVIO (latino): Amarillo, rubio.

EMANUEL: Variante de Manuel.

EMETERIO (griego): Aquél que es merecedor de nuestro afecto por ser nuestro igual.

EMIGDIO (griego): De piel morena.

EMILIANO: Variante de Emilio.

EMILIO (latino): El trabajador esforzado, laborioso.

ENEAS (bíblico): Héroe griego. Significa "el que es alabado".

ENOC O ENOCH (hebreo): Consagrado a Dios.

ENRIQUE (germánico): Aquél que es príncipe en su tierra.

EPÍCTETO (griego): El que fue comprado.

EPICURO (griego): El que trae la ayuda, el auxilio.

EPIFANIO (griego): El que irradia luz por su saber.

ERARDO (germánico): El homenajeado.

ERASMO (griego): Amable, deseable, digno de amor.

ERBERTO (teutónico): El buen guerrero.

ÉRICO (germánico): El varón que rige eternamente.

ERNESTO (germánico): Guerrero con vocación y voluntad de vencer.

ERVINO (germánico): Consecuente con los honores.

ESAU (hebreo): Hombre peludo. Cuerpo con mucho pelo.

ESCIPIÓN (latino): El que lleva bastón.

ESCULAPIO (griego): El médico, el que cura.

ESDRAS (hebreo): Aquél a quien Dios ayuda.

ESOPO (griego): Buena señal, buen augurio.

ESPARTACO (griego): El sembrador.

ESTANISLAO (eslavo): Gloria y alegría de su pueblo.

ESTEBAN (griego): Probablemente de origen helenístico, uno de los siete encargados (diáconos) de los pobres que fueron elegidos por los apóstoles en Jerusalén. Significa "hombre coronado de gloria, por la victoria".

ESTURNO (germánico): El violento.

ETERIO (griego): Límpido como el cielo.

EUBULIO (griego): El que da buen consejo.

EUCARPIO (griego): El que da buenos frutos.

EUFEBIO (griego): El tímido.

EUFRONIO (griego): El alegre. El que da placer.

EUGENIO (griego): El nacido noble.

EULOGIO (griego): El orador distinguido.

EUMENIO (griego): El bondadoso.

EUNOMIO (griego): Que tiene las leyes como método.

EUSEBIO (griego): Hombre pío y respetuoso.

EUSTAQUIO (griego): El poseedor de las espigas de trigo.

EUTIMIO (griego): De buen humor.

EUTIQUIO (griego): El que tiene fortuna.

EVARISTO (griego): El excelente.

EVERARDO (germánico): Astuto y fuerte como el jabalí.

EVODIO (griego): El que augura buen viaje.

EZEQUÍAS (hebreo): El que recibe fuerza de Dios.

EZEQUIEL (hebreo): El que recibió la fuerza de Dios.

FABIÁN (latino): El cumplidor.

FABIO (latino): El cultivador de habas.

FABRICIO (latino): Artífice que trabaja en su   cias duras. También artesano hijo de artesanos.

FACINO: Diminutivo de Bonifacio.

FACUNDO (latino): El orador elocuente, convir͟ ͟ente.

FALCO (latino): De vista aguda, ve lejos como el halcón.

FANTINO (latino): Infantil, inocente.

FANUEL (hebreo): Aquél que ve a Dios.

FARAÓN (egipcio): Habitante del gran palacio.

FAUSTO (latino): Hombre de suerte. La fortuna i͟ favorece.

FEBO (griego): El iluminado, el brillante como   sol.

FEDERICO (germánico): Gobernante favorable a͟ pueblo y a la paz.

FEDOR (ruso): Variantes: Feodoro o Fiodor. Su traducción al castellano sería "Teodoro".

FEDRO (griego): El de carácter magnífico, liberal.

FELIBERTO: Variación de Filiberto.

FELICIANO (latino): Variante de Félix.

FELIO: Diminutivo de Rafael. Variante de Feliciano.

FELIPE (bíblico): Uno de los discípulos de Jesús. Significa "el amante del arte ecuestre aficionado a los caballos".

FELISARDO (latino): El que es valiente y diestro.

FÉLIX (latino): Hombre de suerte. Afortunado.

FERMÍN (latino): El de carácter constante y determinado.

FERNÁN: Variante de Fernando.

FERNANDO (germánico): Guerrero que combina la valentía y la audacia. Variantes: Hernando, Hernán, Fernán.

FIDEL (latino): El hombre fiel, digno de confianza.

FILADELFO (griego): El que tiene amor por sus hermanos.

FILARCO (griego): El preferido de todos.

FILEAS (griego): Amistoso.

FILEMÓN (griego): De carácter agradable.

FILIBERTO (germánico): Hombre de cualidades brillantes.

FLAMINIO (latino): De la clase de los sacerdotes.

FLAVIO (latino): El niño nacido con rubios cabellos.

FLOREAL (latino): Fiesta de las flores, resurgir de la vida.

FLORENCIO (latino): El similar a las flores.

FLORIMUNDO (germánico): El que es sabio y protege.

FLÓSCULO (latino): El que es delicado al hablar.

FOLCO (germánico): El hombre del pueblo.

FORTUNATO (bíblico): Significa "favorecido por la suerte".

FOTINO (griego): El brillante, el luminoso.

FRANCISCO (germánico): El que porta estandarte de la batalla.

EL SIGNIFICADO DE LOS NOMBRES

FRANCO: Variante de Francisco.

FREDIANO (germánico): El pacífico.

FRIDOLFO (germánico): El guerrero que protege.

FRIDOLINO (germánico): Hombre que ama la paz.

FROILÁN (germánico): El amo.

FRUCTUOSO (latino) El que es pródigo en frutos.

FRUMENCIO (latino): El que provee el trigo.

FULGENCIO (latino): El que sobresale por su gran bondad.

FULVIO (latino): El hombre de cabellos color bermellón.

GABINO (latino): El hijo del carpintero.

GABRIEL (bíblico): Nombre propio de un ángel. Significa el que trae la fuerza y el poder de Yhavéh.

GALEASO (latino): Protegido por un yelmo.

GALENO (griego): El que hace una vida serena y pacífica.

GALERIO (latino): El que lleva escudo para defenderse.

GALILEO (hebreo): Oriundo de Galilea.

GALINDO (latino): El originario de la Galia.

GAMALIEL (hebreo): Dios me ha recompensado.

GANDOLFO (germánico): El guerrero valiente.

GARCÍA (vasco): El oso.

GARCILASO (español): Variante de García.

GARIBALDO (germánico): El que es audaz con la lanza.

GASPAR (persa): El que Dios puso para que vigile atento sobre sus bienes. Dueño del aroma.

GASTÓN (germánico): El visitante que recibimos como huésped y que nos trae o nos anuncia cosas.

GAUDENCIO (latino): Que está exultante, alegre, contento.

GEBERTO (germánico): El gran dadivoso.

GEDEÓN (hebreo): El que destruye a sus enemigos.

GELANOR (griego): El hombre que sonríe.

GELASIO (griego): Que sonríe, que tiene la sonrisa en los labios.

GELIMAR (germánico): Es feliz por la fama que tiene.

GEMELO (latino): El mellizo.

GENARO (latino): El que fuera consagrado al Dios Jano.

GENERAL (latino): El de linaje que se distingue.

GENUINO (latino): El que tiene cualidades de nacimiento.

GERALDO (germánico): El que domina con su lanza.

GERANIO (griego): El que es como la grulla.

GERBERTO (germánico): El que es diestro con la lanza.

GEREÓN (germánico): El de la lanza.

GERMINAL (latino): El que germina o echa brotes.

GERONCIO (griego): El anciano.

GERSON (hebreo): El que peregrina.

GERUNDIO (latino): El que soporta las pruebas.

GERVASIO (germánico): El poderoso lancero.

GESUALDO (germánico): El que está en la prisión real.

GETULIO (latino): El oriundo de Getulia.

GIL (latino): Piel de cabra.

GILBERTO (germánico): Espada brillante en la batalla.

GILDO (germánico): Variante de Hermenegildo.

GINÉS (griego): Es el que engendra vida.

GIORDANO (hebreo): Variante de Jordán.

GISULFO (germánico): El guerrero prisionero.

GLICERIO (griego): Amable y dulce.

EL SIGNIFICADO DE LOS NOMBRES

GODERICO (germánico): El que posee el poder de Dios.

GODOFREDO (germánico): Vive en la paz que da Dios.

GODOLÍAS (hebreo): Mi grandeza está en el Señor.

GODUINO (germánico): El amigo de Dios.

GOLIAT (hebreo): El que viaja peregrinando.

GONTRÁN (germánico): Ave de guerra.

GONZALO (germánico): Guerrero salvado en el combate.

GORGONIO (griego): El violento.

GOSVINO (germánico): Amigo de Dios.

GOTARDO (germánico): Valiente gracias a Dios.

GRACIANO (latino): El reconocido por Dios.

GRATO: Variante de Graciano.

GREGORIO (latino): Está vigilante sobre su congregación.

GRIMALDO (germánico): El poderoso que protege.

GUALBERTO (germánico): Brilla por su gran poderío.

GUALTERIO (germánico): El jefe del ejército.

GUARINO (germánico): El que defiende bien.

GUIDO (germánico): El guía conocedor de caminos.

GUILLERMO (germánico): Protege con voluntad de hierro.

GUIOMAR (germánico): Guirnalda de flores. La floresta.

GUMERSINDO (germánico): El mejor, el óptimo.

GUNEBALDO (germánico): El que lucha bien en la batalla.

GUNDELBERTO (germánico): Que brilla en la batalla.

GUNDERICO (germánico): El que es poderoso en la guerra.

GUNFREDO (germánico): El que lucha por la paz.

GUSTAVO (germánico): Que está a la par del Rey.

GUY: Variante de Guido.

GUZMÁN (germánico): Hombre de Dios.

H

HAMILCAR: Variedad de Amílcar en inglés.

HAROLDO (germánico): Caudillo militar.

HASDRÚBAL: Variedad de Asdrúbal.

HASSAN (árabe): El hermoso joven.

HEBER (hebreo): El que hace alianzas.

HÉCTOR (mitológico): Hijo primogénito de Hécuba y de Príamo, reyes de Troya. Fue el más vigoroso defensor de la ciudad cuando ésta fue sitiada por los griegos. Significa "el que posee, el que protege, el que defiende, soporte".

HEGESIPO (griego): El arreador de caballos.

HELADID: Variedad de Eladio.

HELCÍAS (hebreo): La herencia de Dios.

HELI (hebreo): Aquél que se ofrece a Dios.

HELIODORO (griego): Regalo de Dios.

HELIOS (mitológico): Significa "el Sol". Para los egipcios fue Osiris, para los fenicios Adonis y para los romanos Febo o Apolo.

HERACLES (griego): Gloria sacra.

HERÁCLITO (griego): Amante de lo sagrado.

HÉRCULES (etrusco): Corredor veloz.

HERIBERTO (germánico): Gloria y orgullo de su ejército.

HERMENEGILDO (germánico): Hace grandes regalos a Dios.

HERMENERICO (germánico): Poderoso por sus guerreros.

HERMES (griego): El que anuncia.

HERMINIO (germánico): Consagrado al Todopoderoso.

HERMÓGENES (griego): El enviado de Hermes.

HERNÁN (germánico): Variante de Hernando.

EL SIGNIFICADO DE LOS NOMBRES

HERNANDO (germánico): Variante de Fernando.

HERODES (hebreo): Serpiente con boca de fuego (dragón).

HERODOTO (griego): Don sagrado.

HIGINIO (griego): Que goza de buena salud.

HILARIO (latino): El que es festivo y alegre.

HIPARCO (griego): El que sabe dominar su caballo.

HIPÓCRATES (griego): Príncipe dominador de caballos.

HIPÓLITO (griego): Amante y conductor de caballos.

HOMERO (griego): El que no ve. El ciego.

HONORATO (latino): El que ha sido honrado.

HONORIO (latino): Que merece grandes honores.

HORACIO (latino): El que ve pasar las horas.

HORTENSIO (latino): El que ama su huerto.

HOSPICIO: El que alberga.

HUBERTO (germánico): El de clara inteligencia.

HUGO (germánico): Hombre de espíritu e inteligencia clara.

HUMBERTO (germánico): El de larga fama.

IAGO (hebreo): Jacob o Jacobo. Reemplazó a su hermano.

IBERIO/IBÉRICO (latino): El que nació o vino de la Península Ibérica.

ÍCARO (mitológico): Hijo de Dédalo, escapó con su padre de la isla de Creta merced a un par de alas que llevaban pegadas con cera en la espalda.

IDUMEO (latino): El que descendió de Edom.

IGNACIO (latino): Encendido. De carácter fogoso, ardiente.

IGOR (escandinavo): El héroe.

ILDEFONSO (germánico): Guerrero muy ágil en combate.

ILUMINADO (latino): Que recibe la inspiración de Dios.

INCA (quechua): El príncipe.

INDALECIO (árabe): Aquél que igualó al maestro.

INOCENCIO (árabe): Puro, que está sin manchas o culpas.

IÑIGO (latino): Variante de Ignacio.

IRENEO (griego): Ama la paz. Variante: Irineo.

ISAAC (hebreo): El hijo venido con alegría.

ISACAR (hebreo): El dado por merced de Dios.

ISÁGORAS (griego): El que equilibra las discuciones.

ISAÍAS (bíblico): Profeta nacido en Jerusalén. Considerado, entre los profetas, como el mejor escritor hebreo. Significa "Jehová es la salvación".

ISIDORO (griego): El don de Isis. Isis era la diosa egipcia que simbolizaba a la madre.

ISIDRO (egipcio): Regalo de la diosa Isis. Variante: Isidoro.

ISMAEL (hebreo): "Yhavéh ha escuchado mis súplicas".

ISRAEL (hebreo): Antagonista del ángel, que lucha con él.

ÍTALO (latín): Italiano.

ITAMAR (hebreo): Natural de la isla de los palmares.

IVÁN (escandinavo): Variante eslava de Juan.

IVO: Puede ser derivado de Juan. Aboga por los pobres.

EL SIGNIFICADO DE LOS NOMBRES

JABEL (hebreo): Que fluye como el arroyo.

JACINTO (griego): Bello como la flor del mismo nombre.

JACOB / JACOBO (hebreo): El sustituto de su hermano. De él deriva el nombre Santiago. (Sant - Iago). Santiago significa: San Jacobo.

JAEL (hebreo): Como la cabra del monte.

JAFET (hebreo): Que crece y se expande.

JAIME (hebreo): Variante de Jacobo.

JAIRO (bíblico): Jefe judío de la sinagoga. Uno de sus hijos fue resucitado por Jesús. Significa "el que fue tocado con la luz. El iluminado".

JANO (hebreo): De tanto esplendor y luz como el sol.

JANSENIO (hebreo): Variedad de Juan.

JASÓN (griego): El que cura todas las enfermedades.

JAVIER (vasco): El habitante del nuevo solar.

JEHV (hebreo): Él es Dios.

JENARO (latino): Variante de Genaro.

JENÓCRATES (griego): Que obtuvo sus riquezas en el extranjero.

JENOFONTE (griego): El extranjero que habla mucho.

JEREMÍAS (hebreo): El elevado.

JEROBAAL (hebreo): Baal se ha de vengar.

JERÓNIMO (griego): Nombre divino, sagrado.

JERSES (persa): El que guerrea.

JESE (hebreo): El que vive plenamente.

JESÚS (hebreo): Redentor de los hombres.

JETRO (hebreo): El que es mejor que todos.

JEZRAEL (hebreo): Lo que Dios sembró.

JOAB (hebreo): Dios es mi padre.

JOACAZ (hebreo): Dios te sostiene.

JOAD (hebreo): El Señor es todopoderoso.

JOAQUÍN (hebreo): La firmeza de su vida la recibe de Dios.

JOAS (hebreo): El auxilio de Dios.

JOATÁN (hebreo): Dios es justicia.

JOB (hebreo): El que es perseguido.

JOEL (hebreo): Dios es su Señor.

JONÁS (hebreo): Sencillo como una paloma.

JONATÁN (hebreo): Don del señor.

JORÁN (hebreo): El que Jehová ha exaltado.

JORDÁN (hebreo): El que va descendiendo.

JORGE (griego): Del agro. Buen campesino o labrador.

JOSAFAT (hebreo): El que toma como juez a Yhavéh (Dios).

JOSCELINO (germánico): El que desciende de godos.

JOSÉ (hebreo): Dios quiera engrandecerle.

JOSEDEC (hebreo): El curado por Dios.

JOSUÉ (hebreo): Dios es su salvador.

JOVITO: El venido de Júpiter.

JUAN (hebreo): Poseedor de la gracia de Dios.

JUBAR (hebreo): El que está lleno de melodías.

JUDAS (hebreo): El que canta loas a Dios.

JULIÁN (latino): Variante de Julio.

JULIANO: Variante de Julián.

JULIO (latino): El que tiene el cabello enrulado.

JUNÍPERO (latino): El que cada día que pasa es más joven.

JÚPITER (latino): Origen de la luz. Padre de la luz.

JUSTO (bíblico): Nombre latino. Recto. Que vive de acuerdo a los mandamientos divinos.

EL SIGNIFICADO DE LOS NOMBRES

JUVENAL (latino): El joven inexperto que necesita consejo y ayuda. El eternamente joven.

LABÁN (hebreo): Cándido, inocente.

LACOONTE (griego): El que vigila al pueblo.

LADISLAO (eslavo): Gobernante glorioso.

LADOLFO (germánico): Astuto como un lobo en la ciudad.

LAMBERTO (germánico): El que es famoso en su pueblo.

LAMEL (hebreo): El que es pobre.

LANCELOTO (francés): Encargado de cargar con la lanza.

LANDEBERTO (germánico): Es variedad de Lamberto.

LANDELINO (germánico): El que es amigo de la tierra.

LANDERICO (germánico): Hombre de poder en su pueblo.

LANDOALDO (germánico): El que domina en su pueblo.

LANFRANCO (germánico): Que es libre en su tierra.

LAOMEDONTE (griego): El soberano del pueblo.

LARGO (latino): El que es muy generoso.

LASTENES (griego): El que es unido con su pueblo.

LAUREANO: Variante de Lauro.

LAURO (griego): Variante de Lorenzo.

LAUTARO (araucano): Nombre del héroe chileno que combatió contra los españoles. Significa "el que tiene iniciativa y audacia".

LAUTÓN (latino): El que no tiene manchas.

LÁZARO (hebreo): Dios es mi auxilio.

LEAL (español): Remite a la virtud de la lealtad.

LEANDRO (griego): Paciente en sus adversidades y sufrimientos.

LELIO (latino): Que pertenece a la gens (grupo privilegiado dentro de una familia).

LEO (mitológico): Era el león de Nemea llevado al cielo como constelación.

LEOBALDO (germánico): El valiente defensor de su pueblo.

LEOBARDO (germánico): El intrépido entre su pueblo.

LEOBINO (germánico): El amigo cariñoso.

LEOCADIO (griego): Brillante en su blanco fulgor.

LEODEGARIO (germánico): Defiende al pueblo con su lanza.

LEODOVALDO (germánico): Que gobierna a su pueblo.

LEOFRIDO (germánico): Que trae la paz a su pueblo.

LEÓN (latino): Realeza y bravura del rey de la selva.

LEONARDO (latino): Que es fuerte y bravo como un león.

LEONEL (griego): Leoncito.

LEÓNIDAS (griego): El que lucha como un león.

LEOPOLDO (germánico): Valioso para el pueblo, patriota.

LETO (latino): El que está alegre y gozoso.

LEVI (hebreo): Símbolo de unión entre los suyos.

LEVIO (latino): El que es zurdo.

LÍBER (latino): El que otorga abundancia.

LIBERAL (latino): El que ama la libertad.

LIBERATO (latino): Variante de Liberal.

LIBIO (latino): Oriundo de las tierras sin lluvia.

LIBORIO (latino): Natural de Líbora (España).

LICARIO (griego): El que es audaz como el lobo.

LICURGO (griego): Perseguidor de lobos.

LINCOLN (galés): Oriundo del río.

LINDOLFO (germánico): El que protege.

LINDOR (latino): Apuesto, seductor.

LINO (bíblico): Cantor divino. Cristiano de Roma.

EL SIGNIFICADO DE LOS NOMBRES

LISANDRO (griego): El que libera a los hombres.

LISARDO (hebreo): El que defiende a Dios.

LISÍAS (griego): El libertador.

LISIMACO (griego): El que decide en el combate.

LITORIO (latino): El que administra justicia.

LIVIO (latino): De color aceitunado.

LONGINOS (griego): Hombre alto.

LOPE (latino): Procede de Lupus, lobo.

LORENZO (griego): Victorioso coronado con el laurel.

LOT (hebreo): Rostro cubierto.

LOTARIO (germánico): El guerrero de ilustre prosapia.

LOYOLA (latino): El que tiene un lobo en su escudo.

LUBOMIRO (eslavo): El que ama la paz.

LUCARIO (latino): El que cuida los bosques.

LUCAS (bíblico): Refulgente de luz. Fruto diurno. Nacido en la luz.

LUCERO (latino): La que lleva luz.

LUCIANO: Variante de Lucio.

LUCIO: Variante de Lucas.

LUCIFER (latino): El que lleva la luz. Portador de claridad.

LUDGERO (germánico): El que es famoso por su lanza.

LUDOLFO (germánico): El guerrero famoso.

LUDOMIRO (eslavo): El que trae la paz a su pueblo.

LUIS (germánico): Guerrero de fama.

LUITBERTO (germánico): Que brilla entre los suyos.

LUITPRANDO (germánico): La llama heroica del pueblo.

LUPERCO (latino): Ahuyentador de lobos.

LUTARDO (germánico): El que es valiente en su pueblo.

MACABEO (hebreo): "Quién como tú entre los dioses".

MACARIO (griego): El que es feliz y bienaventurado.

MACEDONIO (griego): Aquél a quien engrandecen sus triunfos.

MACIEL (latino): El que es flaco.

MADIAN (hebreo): Lugar de juicio.

MADOX (celta): El que es ardiente.

MAGÍN (latino): El que es imaginativo.

MAGNO (latino): Grande, de gran fama.

MAHOMA (árabe): El que merece elogios.

MAJENCIO (latino): El que tiene cada vez más fama.

MALAQUÍAS (hebreo): El que lleva los mensajes de Dios.

MALCO (hebreo): El que es como un rey.

MAMERTO (latino): El que vino de Mamertium (Italia).

MANASES (hebreo): El que se olvida de todo.

MANCIO (latino): El que adivina.

MANFREDO (germánico): Tiene la fuerza que se necesita para lograr la paz. También significa "hombre pacífico".

MANILA (latino): El que tiene las manos pequeñas.

MANLIO (latino): El que nació de mañana.

MANÓN: Variedad masculina de María.

MANSUETO (latino): El que es manso y sosegado.

MANSUINO (germánico): Amigo de los hombres.

MANUEL (hebreo): Dios está entre nosotros.

MARCELO (latino): Maza pequeña, martillete (que maneja el...). Diminutivo de Marco.

MARCIANO (latino): Guerrero.

EL SIGNIFICADO DE LOS NOMBRES

MARCIO (latino): Aquél consagrado al dios Marte. Por ello también significa o refiere al que nace un día martes o en el mes de marzo. Variante: "Martín".

MARCO (latino): Dios de la guerra.

MARCOS (latino): El que trabaja con el martillo.

MARDONIO (persa): El hombre guerrero.

MARDOQUEO (hebreo): El que adora al dios de la guerra.

MARIANO (latino): Perteneciente al mar. También, relativo o consagrado a María, madre de Jesús.

MARINO (latino): El que ama el mar.

MARIO (latino): Varonil, gallardo.

MARÓN (árabe): El santo varón.

MARTE (latino): Dios de la guerra.

MARTÍN (latino): Que fue consagrado al dios Marte. También, el que nace un día "martes" o en el mes de marzo.

MÁRTIR (griego): El que da testimonio de fe.

MATEO (hebreo): El ofrendado a Dios. Variante: Matías.

MATÍAS (hebreo): Variante de Mateo.

MATUSALÉN (hebreo): El varón de Yhavéh (Dios).

MAURICIO: Variante de Mauro.

MAURO (latino): El que tiene la piel oscura.

MAXIMILIANO: Variante de Máximo.

MAXIMINO (latino): Variante de Máximo.

MÁXIMO (latino): Superlativo de grande.

MEDARDO (sajón): Que debe ser honrado y distinguido.

MEDORO (latino): El que sana las enfermedades.

MEGINARDO (germánico): El que es fuerte en el poder.

MELCHOR (hebreo): Rey de la luz.

MELIBEO (griego): El que cuida los bueyes.

MELITÓN (griego): Natural de la isla de Malta.

MELPONEME (griego): El que tiene la voz dulce.

MELQUÍADES (hebreo): Rey por la gracia de Dios.

MENANDRO (griego): El varón activo y pujante.

MENEDEMO (griego): Es la guía y la fuerza de su pueblo.

MENELAO (griego): El que guía a su pueblo en la guerra.

MENTOR (griego): El que educa.

MERCURIO (latino): Dios del comercio y los viajeros.

MERODAC (asirio): El pequeño rey.

MEROVEO (germánico): El guerrero célebre.

MERULO (latino): El que es fino como el mirlo.

METRÓFANES (griego): El que es parecido a su madre.

MIDAS (griego): Hábil conductor de empresas.

MIGUEL (bíblico): En la tradición judía así como en la cristiana, el más noble de los ángeles.

MILCÍADES (griego): Hombre de piel roja.

MILES (latino): Soldado.

MILTON (inglés): Natural del pueblo del molino.

MIROCLES (griego): El que tiene fama como el aroma.

MIROSLAO (eslavo): Glorioso porque conquistó la paz.

MITRÍADES (persa): El que es un regalo del sol.

MODESTO (latino): Humilde, moderado.

MOHAMED (árabe): Variante de Mahoma.

MOISÉS (egipcio): El salvado de las aguas.

MONALDO (germánico): El que es prudente al gobernar.

MONITOR (latino): El que aconseja.

MORFEO (griego): El que hace ver cosas placenteras.

MUCIO (latino): El que soporta en silencio.

MUSTAFÁ (turco): El elegido.

NAAMAN (hebreo): El que es placentero y agradable.

NAASON (hebreo): El que es necio.

NABAL (hebreo): El que encanta por su simpatía.

NABOPOLASAR (caldeo): Que Dios le dé vida a mi hijo.

NABOR (hebreo): Luz del profeta.

NABOT (hebreo): El profeta, el que posee el don.

NABUCODONOSOR (caldeo): El dios Nebo protege mi reinado.

NABUSARDÁN (caldeo): Dios protege mi linaje.

NACIANCENO (latino): El que vino de Nacianzo (Italia).

NACOR (hebreo): Jadeante, falto de aliento.

NADAB (hebreo): El que es noble y generoso.

NADAL: Variante de Natal (Natalio).

NAHUM (hebreo): El consolador.

NANFANIO (griego): El que es pequeño de estatura.

NAPOLEÓN (griego): El león del valle.

NARCISO (mitológico): Era bellísimo y contemplaba su propia belleza en las aguas tranquilas de las fuentes. Significa "bello".

NARNO (latino): El que nació en Narnia, Italia.

NATALIO (latino): Nacido en Navidad.

NATANIEL (hebreo): Regalo del Señor.

NAVAL (latino): El dios de las naves.

NAZARENO (hebreo): El ermitaño, el que hizo votos de soledad y constricción.

NAZARIO (hebreo): Consagrado a Dios.

NEANDRO (griego): El joven que es varonil.

NEARCO (griego): El nuevo príncipe.

NEBO (caldeo): El dios caldeo.

NEBRIDO (griego): Grácil como un cervatillo.

NECAO (egipcio): El que cojea.

NECTARIO (griego): El que endulza la vida con néctar.

NEFTALÍ (hebreo): Al que Dios ayuda en su lucha. El que lucha y sale victorioso.

NEHEMÍAS (hebreo): Dios es el que consuela.

NELSON (celta): Hijo de Neal.

NEMESIO (griego): El que distribuye las cosas con justicia.

NEMORIO (latino): El que vive en el bosque.

NEMROD (hebreo): El que es rebelde.

NEOCLES (griego): El que adquiere nueva gloria.

NEÓFITO (griego): Que es retoño de vida nueva.

NEÓN (griego): Que es joven.

NEPOMUCENO (eslavo): El que auxilia y ayuda.

NEPOTE (latino): El nieto, el familiar.

NEPTUNO (griego): Dios de las aguas, océanos y mares.

NEREO (griego): El que tiene poder en el mar.

NERIO (griego): Viaja sobre el mar, se desplaza sobre él.

NESTABO (griego): El que ayuna.

NÉSTOR (griego): El que es recordado.

NICANDRO: Variedad de Nicanor.

NICANOR (bíblico): Cristiano helenista, uno de los siete elegidos por los apóstoles para el cuidado de los pobres. Significa "el victorioso".

NICASIO (griego): El vencedor.

NICEAS (griego): El de la gran victoria.

NICÉFORO (griego): Define la victoria con su presencia.

NICETO (griego): El victorioso.

EL SIGNIFICADO DE LOS NOMBRES

NICODEMO (griego): Pueblo victorioso.

NICOLÁS (griego): El que condujo al pueblo a la victoria. Vencedor de multitudes.

NICOMEDES (griego): Que planeó exitosamente su victoria.

NICÓN (griego): El victorioso.

NIGEL (latino): El de la tez morena.

NILO (egipcio): Fuente de vida dada por Dios.

NINO (caldeo): El dueño de sus palacios.

NITARDO (germánico): El firme y valiente.

NODGAR (griego): El que lleva la lanza en el combate.

NOÉ (hebreo): El que ha recibido consuelo.

NOEL: Variedad de Natalio.

NOLASCO (latino): El que se va pero promete regresar.

NOLBERTO (germánico): Variedad de Norberto.

NONO (latino): "Padre mío".

NORBERTO (germánico): Luz que viene del Norte.

NORMAN (normando): Guerrero del Norte.

NOSTRIANO (latino): Que es de nuestra patria.

NOTBERTO (germánico): Que brilla en el combate.

NOTHELMO (germánico): El que se protege con el yelmo en la acción del combate.

NOVACIANO (latino): El que fue renovado por la gracia.

NUELANIO (latino): El que es natural de Noela (España).

NUMA (griego): El que establece leyes.

NUNCIO (latino): El portador de mensajes.

O

OBADÍAS (hebreo): El siervo del señor.

OBAL (hebreo): El que está desnudo.

OBERON (latino): Príncipe de los elfos.

OCTAVIO (latino): El vástago octavo de una familia.

ODEBERTO (germánico): Que brilla por sus posesiones.

ODENATO (latino): El que nació con el canto de una oda.

ODERICO (germánico): Tan noble y rico como un príncipe.

ODILÓN (germánico): Dueño de grandes bienes.

ODINO / ODÍN (escandinavo): El guerrero poderoso.

ODOACRO (germánico): El que es custodio de la herencia.

ODÓN (germánico): El poderoso Señor.

ODRÁN (germánico): Que está alerta cuidando sus posesiones.

OFIR (hebreo): El feroz.

OLAF (germánico): Lleno de gloria.

OLALLA (catalán): El que bien habla.

OLAO (germánico): El que viene de Dios.

OLEGARIO (germánico): Dominado por el poder de su lanza.

OLINDO (latino): El que vino de Olinda (Grecia).

OLIVERIO: Masculino de Olivia.

OMAR (árabe): Que tiene larga vida.

ONÁN (hebreo): Hombre fuerte.

ONÉSIMO (griego): Hombre útil y provechoso.

ONOFRE (germánico): El defensor de la paz.

OPTATO (latino): Al que se busca y se quiere.

ORANGEL (griego): El mensajero de las alturas. Una de sus variantes es "Horangel".

ORDOÑO (vasco): Valiente y juvenil.

ORENCIO (griego): El juez que examina.

ORESTES (griego): Habitante de los montes.

ORFEO (griego): El que tiene una bella voz.

ORFILAS (germánico): Cachorro de lobo.

ORÍCULO (latino): El que oye poco.

ORIENTE (latino): Como el sol naciente.

ORÍGENES (griego): Desciende de Horus (dios egipcio).

ORIÓN (griego): Portador de las aguas.

ORLANDO (germánico): Gloria u orgullo de su tierra. Variedad de Rolando.

ORONCIO (persa): El que corre, corredor.

OROSIO (griego): El que habita en la montaña.

OSCAR (germánico): Lanza de los dioses.

OSEAS (hebreo): Significa "Dios es auxilio".

OSIRIS (egipcio): Entre las divinidades egipcias era el esposo de Isis. Su significado sería: "el de vista poderosa".

OSMÁN (árabe): Pequeño y dócil como un avecilla.

OSMARO (germánico): Que brilla como la gloria de Dios.

OSORIO (eslavo): Cazador de lobos.

OSVALDO (germánico): Gobernante divino.

OTELO (germánico): Señor rico y poderoso.

OTFRIDO (germánico): Que defiende su propiedad.

OTGERIO (germánico): Defiende su propiedad con lanza.

OTNIEL (hebreo): El león pequeño de Dios.

OTÓN (germánico): Dueño de las riquezas y el poder.

OVIDIO (latino): El que cuida las ovejas.

OZÍAS (hebreo): Dios es mi sostén.

OZIEL (hebreo): El que lleva la fuerza del señor.

P

PABLO (latino): Hombre de pequeña estatura.

PACIANO (latino): El amigo de la paz.

PACIENTE (latino): El resignado, paciente.

PACÍFICO (latino): Hombre de paz.

PACOMIO (griego): Robusto, bien fornido.

PACUVIO (latino): El que restaura la paz.

PAFNUCIO (griego): El rico en méritos.

PAGANO (latino): Campesino.

PALAMEDES (griego): El que gobierna con sabiduría.

PALATINO (latino): El que viene del monte Palatino.

PALEMÓN (griego): El que lucha arduamente.

PAMAQUIO (griego): El hábil luchador que gana a todos.

PAMPÍN (latino): Vigoroso como brote nuevo.

PANCRACIO (griego): El que tiene poder absoluto.

PANDULFO / PANDOLFO (germánico): El que tiene un lobo en su estandarte.

PÁNFILO (griego): El amigo querido de todos.

PANTALEÓN (griego): Que domina todo lo escrito.

PANTENO (griego): El que es digno de toda alabanza.

PAPÍAS (griego): El padre venerable.

PARÁCLITO (griego): El consolador.

PARIS (griego): El que presta la mejor ayuda.

PARMÉNIDES (griego): El que es aplicado y constante.

PARODIO (griego): El que imita el canto.

PASCUAL (latino): El que nació en las fiestas Pascuales.

PASICLES (griego): El que obtuvo toda la gloria.

PASÍCRATES (griego): El que domina todo.

PASÍMAGO (griego): El que triunfa en todos los combates.

PASTOR (latino): Cuidador de rebaños.

PATERIO (latino): El que nació en Pateria (Mediterráneo).

PATERNO (latino): El que es bondadoso como un padre.

PATRICIO (latino): Descendiente de las familias fundadoras. De noble y antigua estirpe.

PATROBIO (griego): El que sigue las huellas de su padre.

PATROCINIO (latino): El que da protección.

PAULINO (latino): Diminutivo de Pablo.

PAULO (latino): Derivado de Pablo.

PAUSANÍAS (griego): El que calma las penas.

PAUSIDIO (griego): El pausado, el calmo.

PAUSILIPO (griego): El que quita las penas.

PEDRO (latino): Que tiene la firmeza de una roca.

PEGASO (griego): Nacido a la vera del manantial.

PELAGIO (griego): El buen marino.

PELAYO (griego): Marinero excelente.

PEREGRINO (latino): Viajero.

PERFECTO (latino): Significa "el completo, sin error".

PERIANDRO (griego): Se preocupa por el resto de los hombres.

PERICLES (griego): El mejor gobernante.

PETRONIO (latino): Variante de Pedro.

PERSEO (griego): El destructor.

PIERIO (latino): El que vino de Pieria (Macedonia).

PILATO (latino): Soldado armado.

PÍO (latino): Es piadoso y observador de las reglas morales.

PIPERIÓN (griego): El que trafica con pimienta.

PIPINO (latino): El de pequeña estatura.

PIRRO (griego): Pelirrojo.

PITÁCORAS (griego): El que es como un oráculo divino.

PLÁCIDO (latino): Hombre tranquilo, sosegado, manso.

PLATÓN (griego): El de espaldas anchas.

PLAUTO (griego): El de los pies planos.

PLINIO (latino): El que posee muchos dones.

PLOTINO (griego): Deriva de Plauto.

PLUBIO (griego): Hombre de mar.

PLUTARCO (griego): Dueño de riquezas.

PLUTÓN (griego): Dueño de todas las riquezas.

POLIANO (griego): El que padece, el afligido.

POLIBIO (griego): El de larga vida.

POLICETO (griego): El que causó mucha aflicción.

POLICLETO (griego): El célebre.

POLÍCRATES (griego): Que tiene mucho poder.

POLIDORO (griego): El de varios dones.

POLIFEMO (griego): Famoso y muy conocido.

POLIMACO (griego): El que libró muchos combates.

POLINARDO (griego): El cultivador de nardos.

POLIÓN (griego): El señor poderoso que protege.

POLONIO (latino): Variedad de Apolinar.

POMPEYO (griego): El que va al frente en la procesión.

POMPONIO (latino): Amante de la grandeza y de la pampa.

PONCIO (griego): El que viene del mar.

PORFIRIO (sirio): El soberano.

POSEIDÓN (griego): Rey de las aguas, mares y océanos.

POSIDIO (griego): El que se consagra a Poseidón.

POSTUMIO (latino): Nació después de muerto el padre.

POTAMÓN (griego): El que gusta vivir cerca del río.

POTENCIANO (latino): El que domina con su imperio.

PRAGMACIO (griego): El hábil y práctico en los negocios.

PRATO (griego): El trabajador activo.

PRAXÍTELES (griego): El que realiza todo prácticamente.

PRESBÍTERO (griego): El de porte venerable.

PRETEXTATO (latino): Cubierto por una toga.

PRÍAMO (griego): El que fue rescatado.

PRILIDIANO (griego): El historiador, el que recuerda las cosas del pasado.

PRIMITIVO (latino): El primero.

PRIMO (latino): El primogénito.

PRÍNCIPE (latino): El que sabe gobernar.

PRÍO (latino): El delantero.

PRISCO (latino): El antiguo, de otra época.

PRIVATO (latino): El que goza de trato familiar.

PROBO (latino): El de conducta moral.

PROCESO (latino): El que va adelante.

PROCOPIO (griego): El que progresa y avanza para bien.

PROCORO (griego): El que prospera.

PRÓCULO (latino): El que nació lejos del hogar.

PROMACO (griego): El que se apresta para el combate.

PROMETEO (griego): El que se iguala con los dioses.

PROPERCIO (latino): El que nació antes de tiempo.

PROSDOCINO (griego): El esperado.

PROSPECTO (latino): El previsor.

PRÓSPERO (latino): El favorecido por la fortuna.

PROTÁGORAS (griego): El que aconseja a los demás.

PROTASIO (griego): El que se esfuerza por ser el primero.

PROTEO (griego): Señor de las ondas del mar.

PROTERIO (griego): El que precede a todos los demás.

PROTESILAO (griego): El que manda en su pueblo.

PROTO (griego): Deriva de Primo. El primero.

PROTÓGENES (griego): El primogénito.

PROTÓLICO (griego): El preferido. Merece el primer lugar.

PROYECTO (latino): El abandonado.

PRUDENCIO (latino): Como el nombre lo indica, es el hombre cauto, sensato y precavido.

PUBLIO (latino): El popular, el que pertenece al pueblo.

QUERIÁN: Ver Ciriaco.

QUERUBÍN (hebreo): El becerro alado, fuerte y poderoso.

QUIJOTE (latino): El que protege las piernas con una armadura.

QUILIANO (griego): El productivo.

QUINTILIO (latino): El que nació en el quinto mes (mayo).

QUINTÍN (latino): Diminutivo de Quinto.

QUINTO (latino): El quinto vástago de la familia.

QUIRICO: Deriva de Ciriaco.

QUIRINO (latino): El que lleva la lanza.

RABAN (germánico): Cuida como el cuervo que acecha.

RABULAS (latino): Mal defensor de pleitos.

RADELGISO (germánico): El rehén consejero.

RADOMIR (eslavo): El que goza de la paz de su pueblo.

RADULFO: Variedad de Rodolfo.

RAGUEL / RAHUEL (hebreo): El amigo de Dios.

RAFAEL (hebreo): Salud que da Dios. La medicina divina.

RAIMUNDO (germánico): Protector y buen consejero. Variante: Ramón.

RAINIERO (germánico): El consejero.

RAINFREDO (germánico): El consejero de la paz.

RAMIRO (germánico): Poseedor de un poderoso ejército.

RAMSÉS (egipcio): Significa "el dios Ra es el padre".

RAMÓN (germánico): Protección sensata.

RANDOLFO (germánico): El que lleva un escudo poderoso.

RANULFO (germánico): El guerrero consejero.

RAÚL (francés): Atrevido en la guerra.

RAZIEL (hebreo): Mi secreto es Dios.

REATO (latino): El que fue condenado por sus culpas.

RECAREDO (germánico): El ilustre consejero.

REDENTO (latino): El que fue redimido por Dios.

REGINALDO (germánico): Poseedor del poder de Dios. Variantes: Reinaldo, Rinaldo.

RÉGULO (latino): Pequeño rey.

REINARDO (germánico): Valiente al dar consejos.

REMBERTO (germánico): El que brilla por sus consejos.

REMIGIO (latino): Que sabe remar.

REMO (griego): Fuerte.

RENANO (latino): El que nació cerca del Rhin.

RENATO (latino): El que ha vuelto a la gracia de Dios.

RENÉ (francés): Renacido.

RENZO (italiano): Derivado de Lorenzo.

RESPICIO (latino): Que observa con cuidado.

RESTITUTO (latino): Fue restituido, vuelve a la buena senda.

RETICIO (latino): El callado.

REVERIANO (latino): El que mira con reverencia lo sagrado.

REYNALDO (germánico): Variedad de Reginaldo.

RICARDO (germánico): El varón muy poderoso.

RICARIO (germánico): Príncipe en su ejército.

RICINERO (germánico): El famoso por su poder.

RIGOBERTO (germánico): Es espléndido por sus riquezas.

RINALDO (germánico): Variedad de Reginaldo.

ROBERTO (germánico): El buen consejero. Ilustre por sus sabias palabras.

ROBINSON (inglés): El hijo de Robin.

ROBUSTIANO (latino): Noble y fuerte como el roble.

RODOALDO (germánico): El jefe glorioso.

RODOLFO (germánico): El que guerrea en pos de la gloria.

RODOPE (griego): Que tiene la tez rosada.

RODRIGO (germánico): Es famoso debido a su gloria.

RODUMIL (eslavo): El amado por su estirpe.

ROGELIO (germánico): El lancero insigne.

ROLANDO (germánico): El orgullo de su tierra.

ROMÁN (latino): El romano.

ROMARICO (germánico): El príncipe glorioso.

ROMELIO (hebreo): El preferido por Dios.

ROMEO (latino): El que peregrina a Roma.

ROMUALDO (germánico): El glorioso Rey.

RÓMULO (griego): El poseedor de gran fuerza.

RONALDO (germánico): Variedad de Reginaldo. El que posee poder divino y es muy inteligente.

ROQUE (latino): Fuerte como una roca, fortaleza en lo alto.

ROSENDO (germánico): Señor sin par.

ROSIO (latino): El que vino de Rosos (Siria).

ROTERIO (germánico): Célebre en el ejército.

RUBÉN (hebreo): He recibido un hijo de Dios. En la acepción egipcia significa "el Sol resplandeciente".

RUDECINDO (germánico): Variedad de Rosendo. El señor excelente.

RUFINO (latino): El pelirrojo.

RUFO (latino): El pelirrojo.

RUPERTO (germánico): Variante de Roberto.

RÚSTICO (latino): Que vive en el campo y cultiva la tierra.

RUTARDO (germánico): El que es fuerte por su fama.

RUTILIO (latino): El que tiene las mejillas rojas.

RUY (germánico): Variante de Rodrigo.

SABA (hebreo): El convertido.

SABACIO (latino): El que nació en sábado.

SABELIO (latino): Variante de Sabino.

SABINO (latino): Originario de la región de Sabina.

SAGARIO (griego): El comerciante de sayos.

SALADINO (árabe): Bendición de los fieles al profeta.

SALATIEL (hebreo): El que fue pedido a Dios.

SALMODIO (latino): El que reza salmos.

SALOMÓN (hebreo): Rey amante de la paz.

SALUSTIO (latino): El que otorga la bendición.

SALUTARIO (latino): El que nos trae salud.

SALVADOR (latino): El redentor.

SALVIO (latino): El saludable, el íntegro.

SAMUEL (hebreo): Pedido a Dios. Al que Dios ha escuchado.

SANCHO (latino): Consagrado a la divinidad.

SANDALIO (griego): Transporta y comercia el sándalo.

SÁNDALO (griego): El que esparce el aroma del sándalo.

SANDRO (griego): Deriva de Alejandro.

SANSÓN (hebreo): Pequeño sol.

SANTIAGO (hebreo): Es derivado de Jacobo. El que suplantó al hermano.

SANTORIO (latino): El que ha sido santificado.

SANTOS (latino): Sacro, íntegro.

SARASAR (asirio): Dios protege al príncipe.

SARAYAS (hebreo): El señor combate por mí.

SARBELIO (griego): El que causa tumulto.

SARGÓN (asirio): El rey es legítimo.

SARMATAS (latino): El que vino de Rusia.

SATANÁS (hebreo): El adversario.

SÁTIRO (griego): El que es mordaz.

SATOR (latino): El sembrador.

SATURIO (latino): Que está en la abundancia.

SATURNINO (latino): El que tiene de todo.

SATURNO (latino): Protector de los sembrados.

SAÚL (hebreo): Con anhelo ha sido pedido a Dios y ha llegado.

SAULO (griego): Cariñoso, delicado y tierno.

SAVERIO (italiano): Adaptación italiana del nombre Javier.

SEBASTIÁN (griego): Venerable, con majestad.

SEDECÍAS (hebreo): El que es justicia del Señor.

SEGISBERTO (germánico): El que brilla.

SEGISMUNDO (germánico): Nos protege con su victoria.

SEGUNDO (latino): El segundo vástago de una familia.

SELEMÍAS (hebreo): El que tiene la paz del Señor.

SELIM (árabe): El sano.

SEM (hebreo): El lleno de fama.

SEMEÍAS (hebreo): El que es muy renombrado.

SEMPRONIO (griego): El prudente y mesurado.

SENADOR (latino): El respetable por su edad.

SÉNECA (latino): El venerable anciano.

SÉPTIMO / SEPTIMIO (latino): El séptimo hijo.

SERAFÍN (hebreo): Ángel de la espada de fuego. Serpiente.

SERAPIO (latino): Consagrado a la divinidad egipcia Serapis.

SERENO (latino): El que es claro y puro.

SERGIO (latino): El guardián que protege.

SERIÓN (latino): El amigo de la verdad.

SERVANDO (latino): Que merece ser salvado.

SERVIO (latino): El hijo de esclavos.

SERVODEO (latino): El que es siervo de Dios.

SESOTRIS (griego): Que logró salud al consagrarse a Dios.

SETH (hebreo): El sustituto.

SEVERINO: Variante de Severo.

SEVERO (latino): El austero, que no puede ser corrompido.

SEYANO (latino): El consagrado a Seya, diosa de la siembra.

SICIO (griego): El displicente, el afligido.

SIDONIO (latino): El proveniente de Sidón, ahora Líbano.

SIDRONIO (latino): El que vino de Fenicia.

SIGFRIDO (germánico): Prenda de paz. La paz está segura con su presencia.

SIGIBERTO (germánico): El que brilla por sus victorias.

SILVANO (latino): El que es de la selva. Variantes: Silvino, Silvio, Silverio, Silas.

SILVESTRE (latino): El que habita en un lugar selvático.

SILVIO (latino): El que es de la selva.

SIMACO (griego): El aliado y compañero en la lucha.

SIMEÓN (hebreo): Variante de Simón.

SIMÓN (hebreo): El que ha escuchado a Dios. También significa "nariz chata".

SIMPLICIO (latino): Hombre humilde y sencillo.

SINDULFO (germánico): El guerrero avezado.

SINESIO (griego): Hombre inteligente y de gran astucia.

SINFORIANO (griego): Que tiene múltiples dones.

SINFOROSO (griego): El que tiene muchos dones.

SINFRONIO (griego): El que vive unido. Que está siempre de acuerdo.

SINIBALDO (germánico): El que es audaz y emprendedor.

SION (hebreo): El monte elevado.

SIRENIO (griego): El que tiene una voz cautivadora.

SIRIDIÓN (griego): El que toca la siringa.

SIRO (latino): Que brilla como el sol.

SISEBUTO (germánico): Que ejerce el poder con energía.

SISENANDO (germánico): El osado para obtener la victoria.

SISINIO (latino): El que vino de Armenia.

SISMUNDO: Variedad de Segismundo.

SIXTO (griego): El educado, amable, tratable, urbano.

SÓCRATES (griego): Goza de buena salud y tiene autoridad.

SOFANOR (griego): El sabio.

SÓFOCLES (griego): Su gloria se basa en la sabiduría.

SOFONÍAS (hebreo): El secreto de Dios.

SOFRONIO (griego): El prudente y sensato.

SOLANO (latino): El que es como el viento del Norte.

SOLEMNIO (latino): Es aquél consagrado solemnemente.

SOLIANO (latino): El que vino de Asia Menor.

SOLIMÁN (turco): Variedad turca de Salomón.

SOLÓN (griego): El de firme voluntad.

SONACIO (latino): El que tiene una voz sonora.

SOSTENEO (latino): El que apoya y da su ayuda.

SÓSTENES (griego): Hombre fuerte y sano.

SÓSTRATES (griego): El ileso en la batalla.

SUCESO (latino): El que sustituyó a otro.

SUINTINO (árabe): Que es fuerte y potente.

SUITBERTO (árabe): Se destaca por su fuerza y destreza.

SULPICIO (latino): Que viene de lo alto.

SUPERIO (latino): Que vive en lo alto. En las montañas.

SURANO (latino): Que lleva un báculo a cuestas.

TABEEL (hebreo): ¡Qué bueno es Dios!

TACIO (griego): De carácter diligente y activo.

TÁCITO: Variedad de Tacio.

TADEO (sirio): Hombre prudente.

TALASIO (griego): Que proporciona gozo y alegría.

TAMAR (hebreo): Que brinda alegre refugio.

TAMUZ (asirio): El que es hijo de la vida.

TANCREDO (germánico): El consejero sagaz.

TÁNTALO (griego): Que soporta la carga de la vida.

TARASIO (griego): El que es inquieto.

TARE (hebreo): Que tuvo una profunda tristeza.

TARQUINIO (latino): El que nació en Tarquinia.

TARSICIO (latino): Natural de la ciudad de Tarso.

TAURIO (latino): El aficionado a los toros.

TEBALDO: Variedad de Teobaldo.

TELEFO (griego): Que brilla desde lejos.

TELÉGONO (griego): El que nació lejos de su patria.

TELÉMACO (griego): Se prepara con antelación al combate.

TELÉSFORO (griego): Que lleva a buen fin sus empresas.

TELMO: Variedad de Erasmo.

TEMISTIO (griego): El que es muy justo.

TEMÍSTOCLES (griego): El que es glorioso por su justicia.

TEOBALDO (germánico): Príncipe valiente.

TEOBERTO: Variedad de Teodeberto.

TEÓBULO (griego): El inspirado por Dios.

TEÓCRITO (griego): Juez establecido en la tierra por Dios.

TEODARDO (germánico): Es la voluntad y la fuerza de su pueblo.

TEODAS (griego): La antorcha de Dios.

TEODATO (germánico): El que es guerrero de su pueblo.

TEODEBERTO (germánico): El que brilla con esplendor en su pueblo.

TEODEMIO (griego): El venerado como Dios por su pueblo.

TEODOFREDO (germánico): Procura la paz de su pueblo.

TEODOLFO (germánico): El guerrero de su pueblo.

TEODOMIRO (germánico): El que es célebre en su pueblo.

TEODOREDO (germánico): El consejero de su pueblo.

TEODORETO: Variedad de Teodoro.

TEODORICO (germánico): El gran gobernante.

TEODORO (griego): Regalo de Dios. Su traducción al ruso es Fedor.

TEODOSINDO (germánico): Es excelente jefe de su pueblo.

TEODOSIO (griego): Don de Dios.

TEODOTO (griego): El que ha sido dado a Dios.

TEÓDULO (griego): El que es ciervo de Dios.

TEÓFANES (griego): A quien Dios se le ha mostrado.

TEÓFILO (griego): El amado de Dios.

TEOFRASTO (griego): El que habla inspirado por Dios.

TEOFRIDO: Variedad de Teodofredo.

TEÓGENES (griego): El nacido de Dios.

TEONESTO (griego): El que ayuna para agradar a Dios.

TEÓTIMO (griego): El que sabe honrar a Dios.

TEOTO (griego): El que está junto a los Dioses.

TERCIO (latino): Tercero en el nacimiento de una familia.

TERENCIO (latino): El que trilla.

TERSILIO (latino): El que es limpio y puro.

TERTULIANO: Variedad de Tercio.

TESEO (griego): El fundador.

THIERRY: Variante de Teodorico.

TIBERIO (latino): Que nació a orillas del río Tíber.

TÍBULO (latino): El que es alto como un pino.

TIBURCIO (latino): Nacido en el lugar de los placeres.

TICIO: Variedad de Ticiano o Tito.

TICO (griego): El feliz y afortunado.

TIGELINO (latino): Que se sostiene bien derecho.

TIGRINO (latino): El que nació o viene del río Tigris.

TILFREDO (germánico): Hábil para concertar la paz.

TILO (germánico): Poseedor arriesgado y valiente.

TIMOLAO (griego): El que es el honor de su pueblo.

TIMOLEÓN (griego): Querido por su gran coraje. Coraje de león.

TIMÓN (griego): El que se venera y se honra.

TIMOTEO (griego): El que honra a Dios.

TIRANIO (griego): El que tiene la autoridad absoluta.

TIRÓN (latino): Que es buen aprendiz.

TIRSO (griego): Que está coronado con hojas de parra.

TITÁN (griego): El que es grande y poderoso.

TOBÍAS (hebreo): Lo bondadoso del señor. El único bien es el señor.

TOLOMEO (griego): El guerrero excelente.

TOMÁS (hebreo): El hermano gemelo.

TOMÉ: Variedad de Tomás.

TORCUATO (latino): El que se adorna.

TORIBIO (griego): Fabricante de arcos.

TRAJANO (latino): El que arrastra a todos consigo.

TRANQUILINO (latino): El que es apacible y sereno.

TRANSELINO (latino): Que supera los límites de su país.

TRÁNSITO (latino): El que pasa.

TRASIMUNDO (germánico): El protector en la batalla.

TRASMIRO (germánico): El que es afamado en combate.

TRIFÓN (griego): El delicado y elegante.

TRISTÁN (celta): Cazador, atrevido.

TRIUNFO (griego): El victorioso.

TROILO (troyano): Nacido en Troya.

TUBAL (hebreo): El que trabaja la tierra.

TULA (latino): Variante de Tulio.

TULIO (latino): El varón que levanta el ánimo de todos.

UBALDO (germánico): El varón de espíritu audaz.

UDALRICO (germánico): Variedad de Ulderico.

UGOCIÓN: Variedad de Hugo.

ULADIMIRO (eslavo): El príncipe de la paz.

ULADISLAO: Variedad de Ladislao.

ULDERICO (germánico): El noble y rico como un príncipe.

ULFILAS (germánico): El lobezno.

ULFO / ULFIO (germánico): El que es audaz como un lobo.

ULFRIDO (germánico): Que impone la paz con su espada.

ULISES (griego): Personaje de la Odisea. Al nacer exacerbó a su abuelo. El que está muy irritado.

ULPIANO (latino): Variante de Ulpio.

ULPIO (latino): Que posee la astucia del zorro. Variantes: Ulpiano y Vulpiano.

ULRICO (germánico): Rico y noble como un príncipe.

UNO (latino): El que es único en su género.

URANO (griego): El celestial.

URBANO (latino): Cortés.

URÍAS (hebreo): El Señor es mi luz.

URIEL (bíblico): Nombre de persona y de un arcángel. Significa "mi luz es Dios, o poderosa luz emanada de Dios".

URSO (latino): Fuerte como el oso.

USMARO (germánico): El que es famoso por tener los poderes de Dios.

VALBERTO (germánico): Es variedad de Gualberto. El que resplandece por el poder que posee.

VALDEMAR (germánico): Deriva de Baldomero.

VALDERICO (germánico): El príncipe dominador.

VALDO (germánico): El gobernante.

VALENTE (latino): El que es sano y robusto.

VALENTÍN (latino): El que tiene fortaleza y salud.

VALERIO (latino): Variedad de Valentín.

VALFREDO (germánico): El rey pacífico.

VARO (latino): El que es patisambo.

VENANCIO (latino): Afecto a la cacería de venados.

VENCESLAO (eslavo): El que se coronó de gloria.

VENERANDO (latino): Es digno de respeto y es venerado.

VENERIO (latino): El que inspira amor por ser hermoso de espíritu.

VENTURA (latino): Feliz y venturoso.

VERANO (latino): El que favorece la vida.

VERARDO (germánico): El que es fuerte como un oso.

VERNERIO (germánico): Defiende su lugar de nacimiento.

VERO (latino): Sincero.

VIADOR (latino): El que es gran viajero.

VICENTE (latino): Victorioso, que logró vencer. Variedad: Víctor.

VÍCTOR (latino): Variante de Vicente.

VIDAL (latino): Es fuerte y lozano. Se lo necesita para vivir.

VIGBERTO (germánico): Guerrero que brilla por su valor.

VIGILIO (latino): Que es cuidadoso y está siempre alerta.

VIGOR (latino): El que está lleno de energía y fortaleza.

VILFREDO (germánico): El que reina en paz y concordia.

VIRGILIO (latino): Lozano.

VITAL: Lleno de vida.

VITELIO (latino): El que cría terneros.

VITO (latino): Gozoso, lleno de alegría.

VIVALDO (germánico): El animoso, el que está vivo.

VIVENCIO (latino): El que deja gratos recuerdos.

VIVIANO (celta): El pequeño.

VLADIMIRO (eslavo): Príncipe de la paz.

VOLBERTO: Variedad de Gualberto.

VOLFANGO (germánico): Avanza sagaz como el lobo.

VULPIANO (latino): Es astuto y sagaz como un zorro.

WAGNER (germánico): Conductor del carro.

WALDINO (germánico): De espíritu abierto y audaz.

WALDO (germánico): Variante de Waldino.

WALDOBERTO: Variedad de Gualberto.

WALTER / WALTHER: Variedad de Gualterio.

WANDRILO (germánico): El rehén errante.

WAREIN: Variedad de Guarino.

WASHINGTON (inglés): Natural de Wassing (Inglaterra).

WENCESLAO (eslavo): Variante de Venceslao.

WERNER: Variedad de Vernerio.

WIDUKINDO: Variedad de Witekindo.

WILBRORDO (germánico): Defiende con firme voluntad.

WILEBALDO (germánico): Es de firme voluntad y audaz.

WILFREDO (germánico): Variante de Valfredo.

WILFRIDO (germánico): Variante de Valfredo.

WILLIAM (inglés): Traducción de Guillermo.

WINEBALDO (germánico): El valiente y audaz.

WITEKINDO (germánico): Hijo del bosque, vino del bosque.

WITERIO (germánico): Es diestro para manejar la lanza.

WODOALDO (germánico): Que se destaca en la batalla.

WOLFHELMO (germánico): El que lleva la figura de un lobo en el estandarte.

WRATISLAO (eslavo): El que retorna cargado de gloria.

WULFADO (germánico): Es astuto y sagaz como un lobo.

WULFRANO (germánico): El que está alerta y vigilante como un lobo.

WULMARO (germánico): Afamado por su decisión y valor.

WULSTANO (sajón): El que es firme como una roca.

XANTIPO (griego): El que cría caballos tordillos.

XANTO (griego): El que tiene los cabellos rubios.

XENOCLES (griego): El extranjero famoso.

XILANDRO (griego): El que trabaja, que cala la madera.

YAROSLAO (eslavo): El que posee gloria divina.

YUCUNDO: Variedad de Jucundo.

YUSI / YUSUF (árabe): Variedad de José.

YVES / YVO: Variedad de Ivo.

ZABAD (hebreo): El regalo precioso.

ZABADÍAS (hebreo): El regalo precioso de Dios.

ZABDIEL (hebreo): El regalo precioso del Señor.

ZABULÓN (hebreo): El que vive en una casa suntuosa.

ZACARÍAS (hebreo): Dios lo tiene presente en su recuerdo.

ZADIG: Variedad de Sadoc.

ZADOG: Variedad de Sadoc.

ZAHIR (árabe): Notorio, visible.

ZAMBRI (hebreo): El que canta bien.

ZAQUEO (hebreo): El que está limpio de culpa.

ZEBEDEO (hebreo): El regalo de Dios.

ZEBINAS (hebreo): El que fue comprado para el sacrificio.

ZEFERINO: Variedad de Ceferino.

ZENOBIO: Variedad de Cenobio.

ZENODOTO (griego): El que fue concedido al dios Zeus.

ZENÓN (griego): El viviente.

ZESBAL (griego): El que se dedica a cazar.

ZEUS (griego): El luminoso, que ilumina, origen de la vida.

ZOILO (griego): El vital. Lleno de vida.

ZOROASTRO (persa): El astro que vive.

ZÓSIMO (griego): El que está lleno de valor y de fuerza. Que es luchador.

ZOTICO (griego): Que es vital, esencial para vivir.

ZUCARO: Ver Zacarías.

NOMBRES FEMENINOS
de la A a la Z

A

ABIGAÍL (hebreo): Alegría de su padre.

ADA (hebreo): Que irradia alegría.

ADALGISA (germánico): La noble rehén.

ADALIA (persa): Devota del dios del fuego.

ADELA (germánico): Reina madre. Madre de la princesa.

ADELAIDA (germánico): Princesa de noble estirpe o de la casa real. Variante: Adelina.

ADELINA: Variante de Adelaida.

ADOLFINA (germánico): Que quiere ser noble. Es el femenino de Adolfo.

ADRIANA (latino): Mujer del mar.

AFRA (latino): La que vino de África.

ÁFRICA (latino): Soleada, con sol.

AFRODITA (mitológico): Diosa del amor y la belleza. Afrodita quiere decir: *nacida de la espuma del mar.*

AGAR (hebreo): La fugitiva.

ÁGATHA: Variante inglesa de Águeda.

AGLAE (griego): La esplendente.

AGNI (mitológico): En la mitología hindú, dios del fuego.

AGUA (mitológico): Principio de todas las cosas, según opinión de algunos filósofos griegos. Fue reverenciada como diosa por casi todos los pueblos de la antigüedad.

ÁGUEDA (griego): La virtuosa, de conducta excelsa.

AGUSTINA (latino): Majestuosa.

AIXA (latino): Descendiente de familia noble.

ALBA (latino): De blancura refulgente, fresca como la aurora.

ALBINA (latino): Blanca. Femenino de Albino.

ALCIRA (germánico): Orgullo y adorno de la clase noble.

ALCMENA (mitológico): Fue la esposa fiel de Anfitrión, pero Júpiter se enamoró de ella y, tomando la forma del esposo, logró su deseo.

ALDA (celta): La más bella.

ALEJANDRA (griego): Protectora. Versión femenina de Alejandro.

ALETHIA (mitológico): Representaba a la Verdad en la mitología griega. Fue hija del Tiempo y madre de la Justicia y la Virtud.

ALFONSINA (germánico): Noble estirpe.

ALICIA (germánico): Noble. Que da protección y defensa. La variante latinoamericana es "Licha".

ALMA (latino): Bondadosa, gentil.

ALMIRA (árabe): Princesa, la ensalzada.

ALTEA (griego): Saludable, edificante.

ALVINA (germánico): Amada, amiga de todos.

AMADA (latino): Digna de amor. Femenino de Amado.

AMALIA (germánico): Mujer trabajadora, enérgica y activa.

AMALSINDA (germánico): A quien Dios señala.

AMANDA (latino): Adorable, que debe ser amada.

AMAPOLA (árabe): Flor del vergel.

AMARILIA (griego): La que brilla.

AMARINDA (griego): La que brilla. Amarilla.

AMELIA (germánico): Variante de Amalia.

AMÉRICA (germánico): Activa, industriosa.

AMINA (árabe): La mujer fiel.

AMINTA (griego): La que da la protección.

AMIRA (árabe): Princesa.

AMPARO (latino): Escudo, defensa.

ANA (hebreo): La que está llena de la gracia de Dios.

ANAID (mitológico): Divinidad de la mitología fenicia que reunía atributos de Venus, Minerva, Ceres y Diana.

ANANKE (mitológico): Fue llamada la Necesidad por los romanos y en la mitología griega se la conoció como una divinidad absoluta.

ANASTASIA (griego): Vuelta a la vida.

ANATILDE: Contracción de Ana y Matilde. Se usa en México.

ANDREA: Bella, apuesta. Es el femenino de Andrés.

ANÉLIDA / ANELISA / ANELINA: Contracciones de Ana con Élida, Elina y Elisa.

ÁNGELA (griego): Variante de Angélica. Femenino de Ángel. Enviada de Dios.

ANGÉLICA (griego): Variante de Ángela.

ANIA (nombre griego): Afligida.

ANTÍGONA (griego): Distinguida entre sus hermanas.

ANTONIA (latino): Bella como una flor.

ANUNCIACIÓN (latino): Simboliza la fiesta religiosa de la anunciación de la Virgen.

ANUNCIADA (hebreo): Variante de Anunciación.

ANUNCIATA (hebreo): Variante italiana de Anunciación.

APÍA (latino): Mujer piadosa.

ARABELA (latino): Altar hermoso.

ARACELI (latino): Altar del cielo.

ARCELIA (latino): Cofrecito lleno de tesoros.

AREBELA (latino): Altar hermoso.

ARGENTINA (latino): De plata.

ARIADNA (griego): La de gran santidad.

ARMINDA (germánico): Femenino de Armando: guerrera.

ASTRA (griego): Deslumbrante como una estrella.

ASUNCIÓN: La que fue llevada a los cielos. Simboliza la fiesta religiosa de la asunción de Jesucristo y de la Virgen María.

ATALA (griego): La juvenil.

ATALANTA (mitológico): Fue hija de un rey de la isla de Sciros. Era bellísima.

ATHENA (mitológico): Diosa griega de la inteligencia y la guerra, hija de Zeus.

AUDREY (anglo-sajón): La noble amenaza.

AURA (latino): Soplo, brisa.

AURISTELA (latino): Estrella áurea. De oro.

AURORA (latino): Brillante y luminosa como el amanecer.

AZUCENA (árabe): Blancura, pureza.

BALTILDE (germánico): La valiente, la que lucha.

BÁRBARA (griego): La extranjera.

BEATA (latino): Bendita, bienaventurada, feliz.

BEATRIZ (latino): Que trae alegría.

BEGONIA (francés): Nombre de flor.

BEGOÑA (vasco): Advocación de los vascos a la Virgen.

BELÉN (hebreo): Casa del pan.

BELINDA (griego): Colmada de gracia. Diminutivo: Linda.

BELISA (latino): La esbelta.

BELLA (hebreo): Variante de Isabel, que a su vez lo es de Elizabeth.

BENILDA (germánico): Femenino de Benildo: la que lucha con los osos.

BERENICE (mitológico): Hermana y esposa de Tolomeo, ofrendó su cabellera a Venus con tal de que su esposo regresara triunfante de una expedición a Oriente. Su nombre significa *portadora de la victoria.*

BERNICE (bíblico): Portadora de victoria.

BERTA (germánico): Ilustre, de personalidad brillante.

BERTILDA (germánico): La que combate, la ilustre.

BETSABÉ (hebreo): Hija del pacto.

BETY (latino): Variante de Beatriz.

BIBLIS (latino): Golondrina.

BLANCA (origen indefinido): Referido al color de piel.

BLANDINA (latino): La que es lisonjeada.

BRÍGIDA (celta): La victoriosa. La fuerte.

BRIGITTE (francés): Variedad de Brígida.

BRUNILDA (germánico): Guerrera morena.

CALÍOPE (mitológico): Significa "bella voz", fue una de las nueve musas.

CAMELIA (fenicio): Presente en Dios. Variante: Camilia.

CAMILA (francés): Variante de Camelia.

CANDELARIA (latino): Que ilumina.

CÁNDIDA (latino): Inocente, pura, transparente.

CARINA (latino): La muy amada.

CARLA (germánico): Femenino de Carlos. Muy fuerte.

CARLOTA (español): Fuerte, poderosa.

CARMELA (hebreo): Espiga nueva.

CARMEN (hebreo): La del campo cultivado.

CAROLA /CAROLINA (latino): Referidos a Carlos/Carla.

CASANDRA (mitológico): Fue hija de Hércules y Príamo, reyes de Troya. Era tan hermosa que muchos príncipes asiáticos quisieron casarse con ella.

CASILDA (árabe): Virgen portadora de la lanza.

CATALINA (griego): De pura casta. Sin cruzas.

CATERINA (griego): Variante de Catalina en italiano.

CECILIA (latino): Pequeña e indefensa.

CEFERINA (griego): Acariciadora como la brisa.

CELESTINA (latino): Habitante del cielo.

CELIA (latino): Oriunda de las colinas de Roma.

CELIDONIA (latino): Bella como la golondrina.

CELINA (latino): Venida del cielo.

CELINDA (griego): La que alienta y da ánimos.

CELMIRA (árabe): La brillante.

CENTOLA (latino): La luz de la sabiduría.

CHABELA (hebreo): Variante de Isabel.

CHARO (latino): Variante de Rosario.

CHONA (español): Variante de Encarnación.

CINTIA (latino): Diosa de la luna.

CIRA (griego): Diminutivo de Alcira.

CIRCE (mitológico): Recibió de su madre la enseñanza de las artes negras. Podía hacer que la Luna bajara a la Tierra.

CLARA (latino): Transparente, limpia.

CLAUDIA (latino): Vanidosa con suerte.

CLELIA (latino): Gloriosa, sublime.

CLEMENTINA (latino): Compasiva.

CLEMIRA (árabe): Princesa brillante.

CLEODORA (griego): El don de Dios.

CLEOPATRA (griego): Orgullo de sus ancestros.

CLIDE / CLIDIA (griego): Agitada como el mar.

CLÍO (mitológico): Una de las nueve musas; la que presidía la Historia. Es de origen griego y significa "célebre, famosa".

CLOÉ (bíblico): Significa "la que reverdece". También "hierba tierna".

CLORINDA (griego): Mujer de gran lozanía y vitalidad.

CLOTILDE (germánico): Distinguida.

COLETA: Diminutivo de Nicolasa. Nicoleta.

COLOMBA (latino): Paloma.

CONCEPCIÓN (latino): Significa la fiesta católica de la concepción de Jesús.

CONCORDIA (latino): La que consigue la paz.

CONSTANCIA (latino): Fiel, constante. Variante: Constanza.

CONSUELO (latino): Consejo, refugio de afligidos.

CORA (griego): Virgen, doncella, muchacha. Variante: Corina.

CORDELIA (latino): La del pequeño corazón.

CRISTINA (latino): De pensamiento puro, cristalina.

CRUZ: Madero que se hizo símbolo de la muerte redentora de Cristo.

D

DAFNE (mitológico): Ninfa hija del río Peneo y de la Tierra. Significa "árbol de laurel o coronada de laureles".

DAIRA (griego): Plena de sabiduría.

DALIA (germánico): Habitante del valle.

DALILA (bíblico): Amante de Sansón, al que, con tenaz insistencia, arrancó el secreto de su fuerza. Es de origen hebreo y significa "delicada, tierna".

DANIELA (hebreo): La juzga Dios.

DEA (latino): Diosa.

DÉBORA (hebreo): Abeja. Laboriosa como la abeja.

DEIDAMIA (griego): La que combate con paciencia.

DELFINA (latino): Juguetona, alegre.

DELIA (griego): De la isla de Delos.

DEONILDE (germánico): La que combate.

DESDÉMONA (griego): La desdichada.

DESIDERIA (latino): Femenino de Desiderio. Deseada.

DIANA (mitológico): Hija de Júpiter y Latona, fue la diosa de la caza y de los bosques. Significa divina, llena de luz sagrada.

DIDO (fenicio): La fugitiva.

DINA (hebreo): Femenino de Daniel.

DINORAH (arameo): Luz.

DIONISIA (griego): Femenino de Dionisio. Consagrada.

DIVINA: Nombre alusivo a la Divina Providencia.

DOLORES (latino): Nombre alusivo a los siete dolores de la virgen María. Variante: Lola, Lolita.

DOMINGA (latino): Perteneciente a Dios.

DOMITILA (latino): Mujer que ama su hogar.

DORA (griego): Forma diminutiva de Dorotea.

DORIS (griego): Diosa del mar. De raza dórica.

DULCE (latino): Nombre alusivo al dulce nombre de María.

DULCINEA (latino): Llena de dulzura.

E

EBE (griego): Flor juvenil. Variante: Hebe.

EDELMIRA: Variante anglosajona de Adelma.

EDELTRUDIS (germánico): La noble, llena de fidelidad.

EDILIA (griego): Es como una estatua.

EDITA: Forma castellana de Edith.

EDITH (germánico): Que posee dominios, posesiones.

EDNA (hebreo): Rejuvenecimiento.

EDUVIGIS (germánico): La que lucha.

EGERIA (griego): La que da ánimos, la que alienta.

EGLE (mitológico): una de las ninfas Hespérides. Significa "la esplendente; la radiante".

ELBA (celta): Alta. Oriunda de la montaña.

ELCIRA (germánico): Noble adorno.

ELDA: Variante italiana de Hilda. Significa "batalladora".

ELECTRA (griego): Dorada como el sol, rubia.

ELENA (griego): Bella como el sol que brilla al amanecer.

ELEONOR (provenzal): Variante de Elena.

ELEUTERIA (mitológico): Significa "libertad". Zeus y Hera fueron sus padres. Es de origen griego.

ELINA (griego): Derivado de Elena: la aurora.

ELISA: Variante de Elizabeth.

ELIZABETH (hebreo): Consagrada a Dios.

ELODIA (germánico): Rica. Que tiene riquezas.

ELOÍSA (germánico): Guerrera afamada.

ELSA: Variante germánica de Elisa.

ELVIA (latino): De color amarillo.

ELVIRA (árabe): La princesa.

EMA O EMMA: Variante de Irma.

EMELINA (germánico): Derivado de Irma. Poderosa.

EMERENCIANA (latino): La que obtendrá recompensa.

EMÉRITA (latino): Dios la recompensa por sus virtudes.

EMILIA (latino): Femenino de Emilio. Laboriosa.

ENCARNACIÓN: Referido al misterio cristiano de la encarnación.

ENGRACIA (latino): Que tiene la presencia de Dios.

ENRIQUETA (germánico): Princesa en la tierra.

EPIFANÍA (griego): Fuente de luz.

ERÉNDIRA (tarasco): Que sonríe. Nombre de princesa mexicana.

ERMELINDA (germánico): La dulce.

ERNESTINA (germánico): Voluntad de vencer.

ESCOLÁSTICA (latino): Posee sabiduría y la transmite.

ESMERALDA (latino): Brillante.

ESPERANZA (latino): La que espera un cambio para bien. La que da ánimos en la adversidad. Que confía en Dios.

ESTEFANÍA (griego): Bien coronada.

ESTELA (latino): La estrella. La estrella del alba.

ESTER (hebreo): La estrella del alba.

ESTERINA (griego): La que es fuerte y vital.

ESTRELLA (latino): Equivale a Estela, Ester.

ETELINDA (germánico): La noble que protege a su pueblo.

ETELVINA (anglosajón): Amiga de la nobleza. Variante: Etel.

EUDOXIA (griego): La afamada.

EUFEMIA (griego): Variante de Eudosia.

EUFRASIA (griego): Llena de alegría.

EUGENIA (griego): Nacida noble.

EULOGIA (griego): Oradora distinguida.

EUNICE (griego): Regalo hermoso.

EURÍDICE (griego): La que da el ejemplo por su justicia.

EUSEBIA (mitológico): Significa "la piedad".

EVA (bíblico): Según la etimología de la Biblia, nombre de la primera mujer, luego de que el primer hombre la llamó "varona".

EVANGELINA (griego): La que lleva la buena nueva.

EVELIA (griego): Alegre, luminosa. Variante: Velia.

EVELINA (hebreo): Variante de Eva.

FABIOLA (latino): Forma femenina diminutiva de Fabio.

FANNY (griego): Variante de Estefanía. Femenino de Esteban.

FANTASÍA (mitológico): Fue hija del Sueño. Podía transformarse en diamante, moneda rara, ciervo o pez.

FÁTIMA (árabe): La que detesta a los niños.

FAUSTINA (latino): Benéfica.

FAVORINDA (latino): La favorita del señor.

FE (latino): Se refiere a la potestad espiritual de creer.

FEBE O FOEBE (griego): Refulge esplendorosa. Brilla. Fue otro nombre que los griegos dieron a Selene, Diana o Luna.

FEBRONIA (latino): La que ha sido purificada por el fuego.

FEDORA: Femenino de Teodoro.

FELICIDAD (latino): Alegría. Derivado de Félix. Variante: Felicitas.

FELIPA (griego): Aficionada a los caballos.

FERNANDA (germánico): Valiente y audaz.

FILIA (mitológico): Significa "amistad". Diosa grecorromana que era representada como mujer muy bella.

FILIS (griego): La que se adorna con hojas.

FILOMELA (griego): La gracia y el canto de los pájaros.

FILOMENA (griego): Que es muy amada, muy requerida.

FINA (latino): Delicada.

FINES (hebreo): La que tiene la palabra osada.

FIORELA (italiano): Florcita. Florecilla.

FLORA (mitológico): Reina de la flores y los jardines.

FLORENCIA (latino): Que da flores.

FLORICEL (latino): Variante de Flora.

FLORINDA (latino): Floreciente.

FORTUNATA (latino): Afortunada.

FOSCA (latino): La de piel oscura.

FRANCISCA (germánico): Abanderada.

FREYA (eslavo): Diosa del amor.

FRIDA (germánico): Portadora de la paz.

GABI: Derivado de Gabriela.

GABRIELA (hebreo): Trae el poder de Dios.

GALA (latino): De Galia. Forma femenina de Galo.

GALATEA (mitológico): Fue una ninfa, hija de Nereo y Doris. Significa "blancura de leche".

GEA (mitológico): Significa "la tierra".

GEMMA (latino): Piedra preciosa.

GENOVEVA (celta): Rostro pálido.

GERTRUDIS (germánico): La virgen de la lanza.

GILDA: Variante gráfica de Hilda. Dispuesta al sacrificio.

GINA (italiano): Variante de Eugenia y diminutivo italiano de Luisa.

GINEBRA (celta): Hermosa y blanca.

GIOCONDA (latino): Alegre, festiva, jocunda.

GISELA (germánico): Prenda de felicidad.

GLADIS / GLADYS (celta): Variante de Claudia. La alegre.

GLAUCO (griego): Bella como el verde mar.

GLENDA (celta): Valle pequeño y fértil. Variante de Claudia.

GLORIA (latino): Fama.

GRACIA (latino): La que tiene encanto.

GRACIELA (italiano): Diminutivo italiano de Gracia.

GREGORIA (latino): Vigila sobre la congregración.

GRETA (germánico): Diminutivo alemán de Margarita.

GRISELDA (germánico): Heroína.

GUADALUPE (árabe): Valle de Lope (el lobo). Variante: Lupe o Lupita.

GUILLERMINA (germánico): Voluntad protectora.

GUNDELINDA (germánico): Auxilio piadoso en las batallas.

GUNDENIA (germánico): Es la que lucha.

GURI (mitológico): En la mitología hindú, diosa de la abundancia.

HADA (latino): Destino, sino.

HAIDÉ (griego): Recatada. Variantes: Haidée, Aidée, Haydeé.

HALIMA (árabe): La que sufre pacientemente.

HEBE (mitológico): Fue hija de Júpiter y Juno. Por su gracia y belleza Júpiter la nombró diosa de la juventud y le confirió el cargo de servir el néctar en copas de oro en la mesa de los dioses. Significa "juventud".

HEDA (germánico): Guerra.

HEDDA (danés): La de la tierra.

HELENA: Variante de Elena.

HELGA: Variedad de Olga.

HERMINIA (germánico): Consagrada a Dios. Variante: Irma.

HERSILIA (griego): Tierna, gentil, delicada.

HERUNDINA (latino): Como una golondrina.

HILDA (germánico): La heroína. La que lucha con valor.

HILDEGARDA (germánico): Vigila la acción en combate.

HILDEGUNDA (germánico): La heroína de la batalla.

HORTENSIA (latino): Cuidadora del huerto.

IDA (germánico): Mujer activa y trabajadora.

IDALIA (griego): Ver el sol.

IDARA (latino): Variación femenina de Álvaro. Mujer prevenida.

IDELIA (germánico): Noble.

IFIGENIA (griego): Mujer de raza fuerte.

ILDEGUNDA (germánico): La que combate en la lucha.

ILEANA: Variante rumana de Elena. La esplendente.

ILONA: Variante búlgara de Elena.

IMELDA (germánico): La que lucha con fortaleza.

INDEMIRA (árabe): La que es huésped de la princesa.

INÉS (griego): Que es casta y pura.

INGRID (sueco): Hija.

IRENE (griego): La pacificadora. La que ama la paz.

IRIS (mitológico): Mensajera de los dioses. Homero la llamó "la de los pies ligeros". También significa "la de hermosos colores".

IRMA (germánico): La poderosa consagrada a Dios.

IRMINA (germánico): Variante de Irma.

ISABEL (bíblico): Según la historia de la infancia de Jesús, era de la tribu de Aarón, y madre de Juan Bautista. Significa "Dios me lo ha prometido, o la que ama a Dios".

ISADORA (egipcio): Don de Isis.

ISAURA (griego): La oriunda de Isauria (Asia Menor).

ISELDA: Variante de Griselda. La fiel.

ISIDORA (griego): El don de Isis.

ISIS (egipcio): Diosa principal.

ISMENIA (griego): A la que se espera. La que su llegada produce alegría.

ISOLDA (celta): Guerrera poderosa.

ISOLINA: Forma diminutiva de italiana de Isolda.

ITATÍ (guaraní): Referido a la virgen de Itatí.

IVERNA (latino): La que nació en invierno.

J

JAQUELIN / JACQUELINE: Femenino de Jacobo en su versión inglesa.

JAZMÍN (persa): Flor fragante. Variante: Yazmín.

JESABEL / JEZABEL (hebreo): Juramento hecho a Dios.

JÉSICA (hebreo): En gracia de Dios.

JIMENA (hebreo): Variante femenina de Simeón.

JOCELYN (latín): La bella.

JOSEFA (hebreo): Forma femenina de José.

JOYCE (latín): Llena de alegría.

JUANA (hebreo): Poseedora de la gracia de Dios.

JUDITH (hebreo): Alabanza de Dios.

JULIA (bíblico): Nombre pagano latino. Cristiana de Roma.

JULIETA (bíblico): La de cabello enrulado.Nombre de la esposa del dios Júpiter.

JUNO (latino): La juvenil.

L

LAELIA (romano): La que es locuaz.

LAILA (griego): Hermosa.

LAIS (griego): La que es popular, la amable con todos.

LALA (griego): La elocuente.

LANDRADA (germánico): Consejera en su pueblo.

LAODAMIA (griego): La que domina su pueblo.

LAODICEA (griego): Que imparte justicia a su pueblo.

LAURA (latino): La victoriosa, la vencedora.

LEA (hebreo): Variante de Lía. La que tiene fatiga.

LEDA (griego): Señora, dama.

LEILA (hebreo): La noche. Hermosa como la noche.

LELIA (latino): La conversadora.

LENA: Variante italiana de Magdalena.

LEOCADIA (griego): La que irradia luz por su blancura.

LEOCRICIA (griego): La que juzga bien a su pueblo.

LEONA (latino): Forma femenina de León.

LEONOR (griego): Variante de Leonora.

LEONORA (griego): La que es compasiva desde su fortaleza.

LETICIA (latino): Alegría. Variante y diminutivo: Lety.

LÍA (hebreo): Cansada, lánguida.

LIANA: Variante gráfica de Juliana.

LIBIA (latino): Que viene del desierto.

LIBITINA (latino): A la que se quiere, la que agrada a todos.

LICIA (griego): Variante de Lucía.

LIDIA (bíblico): Vendedora de tela de púrpura. Mujer piadosa que se hizo bautizar y alojó en su casa a Pablo y a Silas.

LIDUVINA (germánico): Amiga fiel.

LIGIA (griego): Variante de Lucía. La sirena.

LILA (persa): Azulado.

LILIA (latino): Llena de pureza como un lirio.

LILIANA: Combinación de Lilia y Ana.

LINA: Forma femenina de Lino.

LIS (latino): Hermosa como un lirio.

LITA: Variante de Margarita.

LIVIA (latino): De color oliva.

LOLA: Diminutivo de Dolores.

LORENA (francés): Derivado de Lorraine, región de Francia.

LORETO (latino): Bella como un bosque de laureles.

LOURDES (francés): Advocación a la virgen del mismo nombre.

LUCELIA: Combinación de Luz y Celia.

LUCÍA: Femenino de Lucio.

LUCRECIA (latino): Que trae ganancias. También pura y casta.

LUDMILA (eslavo): Amada por su pueblo.

LUISA (germánico): Afamada en la lucha.

LUPE: Diminutivo de Guadalupe.

LUTGARDA (germánico): La que protege a su pueblo.

LUZ (latino): Que ilumina. Que hace ver.

MABEL (latino): Adorable, amigable.

MACRA (griego): La que engrandece.

MAFALDA (germánico): Variante de Matilde.

MAGALÍ: Variante provenzal de Margarita.

MAGDA: Variante de Magdalena.

MAGDALENA (hebreo): Magnífica habitante del Torreón.

MAIRA (latino): Maravillosa.

MALVINA (germánico): Conversadora. Amiga de la justicia.

MANILA (latino): La de manos pequeñas.

MARA (hebreo): Amargura.

MARGARITA (latino): Que es valiosa como las perlas.

MARÍA (hebreo): La señora excelsa. La elegida.

MARILDA (germánico): Famosa, ilustre.

MARISA: Contracción de María Luisa.

MARISOL: Contracción de María del Sol.

MARTA (hebreo): La que reina en el hogar.

MATILDE (germánico): Virgen con poder en la batalla.

MAYA (mitológico): Significa "ilusión". En la mitología hindú, representa el sueño perpetuo en el cual vive la ralea humana. También es de origen griego, y significa "la madre, la abuela".

MECHA (latino): Diminutivo de Mercedes.

MELANIA (griego): De piel negra.

MELBA (inglés): Riachuelo.

MELIBEA (griego): Aquélla que cuida el ganado.

MELINA: La dulce doncella.

MELINDA (griego): Que canta amorosamente.

MELISA (griego): Miel de abeja.

MELUSINA (griego): Dulce como la miel.

MENODORA (griego): Regalo de la luna.

MERCEDES (latino): Libertadora de la esclavitud.

MERLE (latino): Mirlo.

MICAELA: Femenino de Miguel.

MICOL (hebreo): La reina.

MILBURGA (germánico): La amable protectora.

MILDREDA (germánico): De palabra amable.

MILENA (hebreo): Variante de Magdalena.

MILKA (yugoeslavo): Amor constante.

MILWIDA (germánico): Habitante del bosque.

MINERVA (latino): Llena de sabiduría.

MIRA (latino): La maravillosa.

MIRANDA (latino): Maravillosa, admirable.

MIREYA (provenzal): Nombre poético.

MIRIAM: Forma hebrea de María.

MIRINDA (latino): Variante de Miranda.

MIRNA.(griego): Dolorosa, pesarosa.

MIRTA (griego): Corona de belleza.

MIRZA (persa): La señora.

MITRA (persa): La que pactó con Dios.

MITZI: Variante vienesa de María.

MONA (irlandés): Mujer noble.

MÓNICA (latino): La que ama la soledad.

MUNIRA (árabe): La que es fuente de luz.

MYRNA (griego): Que tiene la suavidad del buen perfume.

NADIA: Variante eslava de Esperanza. La que fue llamada por Dios.

NADINA: Variante de Nadia. La que mantiene viva la esperanza.

NAHIR (árabe): Como el arroyo manso.

NAIN / NAIM (árabe): Que tiene gran belleza.

NANA (griego): Jovencita, niña.

NANCY (inglés): Diminutivo de Ana.

NANTILDE (germánico): La que es osada en el combate.

NATACHA (latino): Nacida en Navidad.

NATIVIDAD (latino): Navidad.

NAZARENA (hebreo): Brote florecido.

NÉLIDA (inglés): Viene de Eleonor, transformada en Nelly. Compasiva, llena de misericordia.

NEOMISIA (griego): La que odia las novedades.

NEREIDA (griego): Nombre de una ninfa del mar.

NERINA (latino): La que viene de Umbría.

NICOLETA (griego): Versión italiana de Nicolasa. Vencedora.

NIDIA (latino): Perteneciente al nido. Dulce y bondadosa.

NIEVES (latino): Advocación a la virgen del mismo nombre.

NILDA: Abreviatura de Brunilda.

NIMIA (latino): La que tiene ambición.

NINFA (griego): Joven esposa, esposa adolescente.

NINÓN: Variante francesa de Ana.

NIOBE (griego): La que rejuvenece.

NOEMÍ (hebreo): Agradable para mí. Mi dulce placer, mi delicia, mi encanto.

NORA: Abreviación de Leonora.

NORMA: Hombre del norte. Forma femenina posible del nombre inglés Norman. Significa "la que da orden, reglas". Belleza de la armonía.

NUBIA (latino): Nube.

NUMERIA (latino): La que elabora, la que enumera.

NURIA: Advocación catalana de la Virgen María.

NYX (mitológico): Fue el nombre que los griegos daban a la diosa de la noche.

OBDULIA (latino): La que evita penas y dolores.

ODILIA (germánico): Dueña de muchas riquezas.

OFELIA (griego): La que viene en socorro, la ayuda caritativa.

OLGA (eslavo): La más sublime.

OLILIA (latino): La que trae la paz. Derivado de Olivia.

OLIMPIA (griego): Fiesta, cielo.

OLINDA (germánico): Protectora de la propiedad.

OLIVIA (latino): Planta de la paz.

ONDINA (latino): Espíritu del agua.

ORALIA (latino): Soplo, brisa, efluvio.

ORIA (latino): Tan valiosa como el oro.

ORIANA (latino): Formado por Oria y Ana.

OSANNA (hebreo): Grito de ¡Viva!

OTILDE (germánico): La que es dueña de muchos bienes. Deriva de Otilia.

OTILIA (germánico): Variante de Odilia.

OZA (hebreo): Fuerte como un roble.

PALACIADA (griego): La de la mansión suntuosa.

PALADIA (griega): Protegida de la diosa Palas Atenea (Minerva).

PALAS (griego): Diosa de la sabiduría y la guerra.

PALIXENA (griego): La que retorna del extranjero.

PALMA (latino): Que simboliza la victoria.

PALMIRA (latino): Oriunda de la ciudad de las palmeras.

PALOMA (latino): Pichón salvaje.

PAMELA (griego): Aficionada al canto. Amante de la belleza.

PANDORA (mitológico): Primer mujer sobre la faz de la Tierra. Su nombre significa "la que tiene todos los dones".

PARTENIA (griego): La que es pura como una virgen.

PASCUA (hebreo): Referida a esta conmemoración religiosa. Sacrificio de un pueblo. Paso hacia la salvación.

PASTORA (latino): La que apacienta.

PAULA (latino): De baja estatura.

PAZ (latino): Advocación a la virgen del mismo nombre.

PENÉLOPE (mitológico): Ulises la escogió como esposa por su gran belleza y talento.

PERLA (griego): Preciosa, exquisita.

PERPETUA (latino): La que siempre es fiel.

PERSEVERANDA (latino): Persevera en el buen camino.

PÍA (latino): Que observa las reglas y ritos religiosos.

PIEDAD (latino): Advocación a la virgen del mismo nombre.

PILAR (castellano): Advocación a la virgen del mismo nombre.

PIMPINELA (latino): La tornadiza.

POLIXENA (griego): La hospitalaria.

POLONIA (latino): Variedad y femenino de Apolinar.

PORCIA (latino): La que se dedica a criar cerdos.

PRECIOSA (latino): De gran valor y estima.

PRESENTACIÓN (latino): La que se presenta o manifiesta.

PRIMAVERA (latino): De mucho vigor, lozana.

PRISCILA (latino): Deriva del masculino Prisco.

PROSPERINA (griego): La que tiene deseo de aniquilar.

PURA: Deriva de Purísima en honor a la Virgen.

QUERINA (árabe): La generosa.

QUIONIA (griego): La que es fecunda.

QUITERIA (griego): Natural de Grecia.

RACHA (árabe): Esperanza.

RADEGUNDA (germánico): La que aconseja en la lucha.

RAINGARDA (germánico): La defensora prudente.

RAQUEL (hebreo): La pequeña oveja de Dios.

RAQUILDIS (germánico): La princesa combatiente.

RATRUDIS (germánico): La consejera fiel.

REBECA (hebreo): La de belleza embriagadora.

REGINA (latino): La reina.

RELINDA (germánico): La princesa bondadosa.

REMEDIOS (latino): Alivio, curación.

RITA: Diminutivo de Margarita. Preciosa como las perlas.

ROCÍO (latino): Alusión a la Virgen del Rocío.

ROMA (griego): La fuerte y poderosa.

ROMILDA (germánico): Combate de la fama. La gloriosa heroína.

ROMINA (árabe): Oriunda de la tierra de cristianos.

ROSA (latino): Por extensión, la belleza de esta flor.

ROSALBA (latino): Rosa blanca. Combinación de Rosa y Alba.

ROSALÍA: Nombre compuesto por Rosa y Lía.

ROSALINDA (germánico): El escudo de la fama. Suave y hermosa como una rosa.

ROSAMUNDA (germánico): Protectora de los caballos.

ROSARIO (latino): Guirnalda de rosas.

ROSAURA (latino): Rosa de oro.

ROSENDA (germánico): Femenino de Rosendo.

ROSILDA (germánico): La guerrera a caballo.

ROSWINDA (germánico): Guerrera muy famosa.

ROSINDA (germánico): Famosa guerrera.

ROXANA (persa): Alba, aurora.

RUBÍ (latino): Rojo.

RUBINA (latino): Bella como el rubí.

RUTH (hebreo): La compañera fiel.

RUTILDA (germánico): Fuerte por su fama.

S

SABRINA (anglosajón): Princesa.

SÁFIRA (hebreo): Bella como un záfiro.

SAFO (latino): La de aguda vista. Ve con claridad.

SALOMÉ (hebreo): Femenino de Salomón.

SAMARA (hebreo): La que cuida.

SANDRA: Variante italiana de Alejandra.

SANTA (latino): Mujer sagrada.

SARA (hebreo): Princesa.

SATURIA (latino): Que se encuentra en la abundancia.

SÉFORA (hebreo): Como un pájaro pequeño.

SELENIA, SELINA (griego): Hermosa como la luna.

SELMA (celta): Justa, limpia. Que tiene paz.

SELVA (latino): Originaria de la selva.

SEMIRAMIS (asirio): Amorosa como las palomas.

SEROTINA (latino): La que nació en la puesta del sol.

SIBILA (griego): Profetisa.

SIDANELIA: Variedad de Zidanelia.

SIGRADA (germánico): La que da consejos para obtener la victoria.

SILVANA (latino): Femenino de Silvano. Ver Selva.

SILVERIA, SILVINA (latino): Selva.

SILVIA (latino): Variante de Selva.

SINCLÉTICA (griego): La que es invitada.

SOCORRO (latino): Pronta a dar ayuda.

SOFÍA (griego): Amante de la sabiduría.

SOL (latino): De fe luminosa.

SOLANGE (francesa): La consagrada solemnemente.

SOLEDAD (latino): La que ama y desea estar sola.

SONIA: Variante eslava de Sofía.

STELLA MARIS (latino): Estrella de Mar.

SULAMITA (hebreo): La mansa, la pacífica.

SUSANA (hebreo): Bella como la azucena.

TABITA (hebreo): Que es como una gacela.

TAIS (griego): Muy bella.

TALIA (griego): Fecunda. Era una de las musas.

TAMAR, TAMARA (hebreo): Palmera. Que da buen refugio.

TANIA (eslavo): Reina de las hadas.

TARA (celta): Torre.

TARSILIA (griego): La que trenza mimbres.

TATIANA (latino): La defensora.

TECLA (griego): La gloria de los dioses.

TEMIS (griego): La que establece el orden y la justicia.

TEOCLETA (griego): Que lleva consigo las alabanzas a Dios.

TEODEQUILDA (germánico): La guerrera de su pueblo.

TEODOCIÓN (griego): Que posee bondad divina.

TEODOLINA (germánico): La que da buen trato a la gente de su pueblo.

TEOLINDA: Variedad de Teodolinda.

TEOTISTA (griego): La que acepta la voz de Dios.

TERESA (griego): La cazadora divina.

TETIS (griego): Nodriza.

TILDE: Abreviado de Matilde.

TORA (germánico): Trueno.

TOSCANA (latino): La que nació o vino de Etruria.

TRINIDAD (latino): Tres personas en un solo Dios.

TROYA: Nombre de la ciudad mitológica. Significa "la que ofende".

TUSNELDA (germánico): La que combate a los gigantes.

UMBELINA (latino): La que brinda sombra protectora.

URANIA (griego): Cielo, firmamento.

URRACA (vasco): Pájaro del mismo nombre.

ÚRSULA (latino): Osita. Graciosa como una pequeña osa.

VALBURGA (germánico): La que defiende el campo de batalla.

VALDETRUDIS (germánico): Ejerce la magia en la batalla.

VALDRADA (germánico): La que da consejos.

VALQUIRIA (escandinavo): La que elige a los que serán sacrificados.

VANDA (germánico): La que protege a los bárbaros.

VANINA: Femenino de Juan, por "Giovannina" (Italiano de Juanita).

VENDELGARDA (germánico): La que protege a los bárbaros.

VERA (latino): Verdad.

VERBENA (latino): La que tiene salud.

VEREDIGNA (latino): La que tiene gran mérito por su dignidad.

VERENICE (griego): Variante de Verónica.

VERNA (latino): Nacida en primavera.

VERÓNICA (griego): La que con su presencia define la victoria.

VESTA (latino): Guardiana del fuego sagrado.

VIDA: Femenino de David.

VILMA (sajón): Proviene de Wilma (Guillermina).

VINEFRIDA (germánico): La que es amiga de la paz.

VIOLA (latino): La que trae alegría.

VIOLETA (latino): Nombre de la flor signo de la modestia.

VIRGINIA (latino): Doncellez, pureza.

VIVIANA (celta): La pequeña.

WALTRUDIS: Variante de Valtrudis.

WANDA (germánico): La maravillosa.

WEREBURGA (germánico): La protectora de la guardia.

WINEFRIDA (germánico): La que es amiga de la paz.

WITBURGA (germánico): La que protege el bosque.

WIVINA: Variante de Viviana.

WULFILDE (germánico): La que lucha con los lobos.

XENIA (griego): La que da hospitalidad.

XIMENA: Variante de Jimena.

YOLANDA: Variante de Viola.

YOLE (griego): La que es bella como una violeta.

YVONNE (germánico): La arquera.

ZABA (hebreo): La que ofrece un sacrificio a Dios.

ZAIDA (árabe): La que crece.

ZAIRA (árabe): Llena de flores.

ZARA (hebreo): Luz que ilumina. En árabe es flor de buen aroma.

ZELMIRA: Variedad de Celmira.

ZENAIDA: La que se ha consagrado a Dios.

ZIDANELIA (griego): Que es como el preciado nenúfar.

ZILLA (hebreo): La que da grata sombra.

ZITA (persa): La que es virginal.

ZOBEIDA (árabe): La que es rica y preciada como la crema.

ZOE (griego): Vida.

ZOILA (griego): Vital, vivaz.

ZORAIDA (árabe): La elocuente.

ZULEICA (árabe): Mujer hermosa.

ZULEMA: Variante de Zulima. Sana, vigorosa, fuerte.

ZULMA (árabe): Variedad de Zulema.

NOMBRES DE ÁNGELES
su significado

ÁNGEL: La cara oculta de Dios.

ARAZIEL: Mediodía de Dios.

ARIEL: León de Dios.

ASBEEL: Desertor de Dios.

AZAEL: A quien Dios fortalece.

ASAEL: Creado por Dios.

CAMAEL: El que ve a Dios.

CHITRIEL: El azote de Dios.

CHAMUEL: El que busca a Dios.

FENUEL: Rostro de Dios.

GADREEL: Asistido por Dios.

GABRIEL: Gobernador de Dios.

HASMAEL: El apasionado de Dios.

ISRAFEL: El fuego de Dios.

KSIEL: El inflexible de Dios.

KAZBEEL: El que engañó a Dios.

LAHATIEL: El fulgor de Dios.

MAKKIEL: La plaga de Dios.

MIGUEL: El que es como Dios.

PARIEL: El despiadado ángel de Dios.

RAFAEL: El resplandor de Dios que cura.

REMIEL: Misericordia de Dios.

SHATFIEL: Juez de Dios.

TENIEL: Perfección de Dios.

TUREL: Roca de Dios.

USIEL: Fuerza de Dios.

URIEL: Luz de Dios.

ZAFIEL: Espía de Dios.

ÍNDICE

Este libro se terminó de imprimir en
GAMA Producción Gráfica
Zeballos 244 - Avellaneda
Mayo de 2000